金塊文化

金塊文化

金塊文化

金塊文化

做個會發光的人

親子共讀，讀出品德和情操

屢獲國內各大文學獎
肯定的優質作家

呂政達 ◎著

推薦序一

倒裝的教育寓言

哪一年哪一月哪一日我已經忘記了，為什麼我們一群人在敦化南路一條小巷子的一家日本料理店聚餐，我也已經忘記了。我只記得正在吃生魚片時，呂政達先生問我說：「楊教授，那麼多日本料理店，你為什麼選這一家小小的店請我們？」我因為對這一家的風格與特色很欣賞，所以不懷疑他問話的動機有什麼不好。於是我講了一個故事，是真的故事，你一定要相信。

「三年前，畫家趙國宗教授帶我來這一家店，大概因為趙教授與老闆是好朋友，我們邊吃邊談天說地，一頓飯吃下來，我們便無拘無束了，乘著一點點酒意，我大大稱讚老闆的店名取得好。『怎麼說？請解釋。』老闆娘好奇地問。『你的店名為呂河，有比這名字更好的餐廳名嗎？』我賣了一個關子。『不明白，多說點。』老闆娘更好奇了。『因為，呂字有兩張嘴，而河字裡有一張嘴，合起來三張嘴，而且三張嘴都在流口水，而且口水流成了河，餐廳開到顧客口水流成河，多好啊！』我的話才說完，老闆便放下切刀，擊掌叫好，然後說：『楊教授，衝著你這一番說文解字，這一頓飯我請你。』那一頓飯三仟元，他真的請了，從此我請人吃日本料理，總是選呂河。」

呂政達先生是散文名家，得過許多獎，他的文章樣貌很多，這本書中收的是他關心教育的小品，雖是小品卻是精品，雖是精品卻不過分雕琢，原本刊在國語日報，我偶然看到，忍不住點頭，忍不住微笑。

我喜歡他「開場」的「說文解字」，簡約的幾句話交待得清清楚楚，為接下來的「生活經驗」提供了抽象的解釋。

哲學家也是心理學家威廉．詹姆斯（William James）曾經說過，有良好教養的人最重要的素養是：見到好的就知道那是好的，而且樂於跟人家分享，分享時不只要能明白敘說自身的經驗與見識，並且要能進一步解說，將具體與抽象結合起來，讓人能觸類旁通。

我看詹姆斯的話，指的像是那能創造寓言的人，例如：伊索，伊索的寓言，通常先說一則故事，再附上一個抽象的道理。而呂政達則先說道理再補上故事生活經驗。我稱之為「倒裝的寓言」。

而每篇「倒裝的寓言」接著都有一些習題，那是一種教育實驗的邀約，那些習題也彷彿是畫框，如果寓言是畫的話。讀者也可以重新裱裝，自己出些題來玩一玩。做出自己的教育實驗計劃。

毛毛蟲兒童哲學基金會董事長、台東大學兒童文學研究所副教授 **楊茂秀**

推薦序二

以不同視角觀照不同的事物

為國語日報向作家邀稿時，每談到稿件字數，作家往往面有難色；並不是嫌字數太長、不勝負荷，而是擔心字數太短，說不清楚、寫不盡興。畢竟寫作者有了稿約與發表園地，就好比駿馬來到原野，一心只想敞開大步，馳騁奔騰，放步容易收步難。若是受到限制，要以短短幾百字，經營一篇文章、一個專欄，完成一個命題，不免發現「紙短情長」，短文比長文還難寫。加上國語日報是一份特殊的報紙，小開報紙篇幅短小，編寫力求深入而能淺出，又特別講究簡省贅詞贅字的「淺語藝術」，寫作者必須在有限字數之內，字字珠璣，很不容易。因此，作者群中多有「異能人士」。

政達兄正是我們作者群中的「異能人士」之一，不論是勵志的方塊文章，談文論藝的專欄，或是生活隨筆，他都擅長。在國語日報少年文藝版所寫的「電影少年」專欄，以及在國語日報《小作家》月刊所寫的「生活玩味兒」以及「心的實驗密碼」專欄，篇幅雖短，但相當有內涵，廣受讀者歡迎。現在，這些專欄文章精選成書，自是讀者之福。

這次應邀作序，再次回味《做個會發光的人》所收錄的文章，依然覺得政達兄取材的敏銳度以及關懷的廣泛，很令人佩服。他談電影、議題、事件，都與社會同脈動，有如跟讀者談心，輕鬆自然的分享他所涉獵的相關知識，以及他的思維與感受。

專欄作家寫久了、寫多了，有時容易自我重複、套公式、匠心匠氣，其中尤以不見真心誠意，最令讀者失望。讀政達兄的文章，卻從無失望之感，總感覺得到作者的一股真誠。他是個認真生活的人，讀書、看電影、教養孩子、觀察世情，似乎都十分用心去感覺、去思考，然後才把一些想法與感覺，真誠的透過文字與大家分享。所以，讀他的文章，總不會膩，因為他經常有新的發現、新的體悟、新的感受。讀他的文章，也總有收穫，因為他經常以不同的視角，觀照不同的事物。

在這個「影像傳播是王道」的時代，年輕世代的言行、思想，受到影像影響尤其深。書中部分文章，以劇情電影、記錄片、動畫為話題，與讀者談心，探討相關問題、旁引有關事件、澄清價值觀、分享生活歷練與內心感覺。運用影像拉近人際距離的特性，找到兩代間共同的話題和語言，這樣的談心方式，應該很能觸動讀者的心，帶來啟發。還有部分文章，則是提點少年朋友找到生命的「亮點」，做個「會發光的人」。系列小品文章，輕鬆易讀，但又富含人文思考與啟發性；這本書確實值得父母、孩子們細細品味。

《國語日報》總編輯　**馮季眉**

CONTENTS 目錄

C·O·N·T·E·N·T·S 目錄

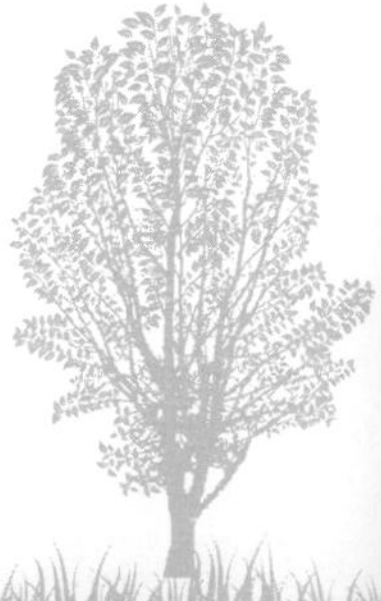

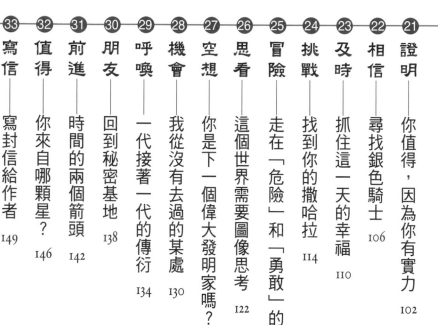

Part II 做個會發光的人 167

目錄 C·O·N·T·E·N·T·S

擦亮你的名字以前——使用本書的一些建議

不管是品格、創作、作文、溝通和表達，始終都要使用語言，當然也就是文字，然而，我們最常疏忽的其實就是文字。

現在很流傳一種感嘆，說孩子文字能力變差了，寫不出一篇通辭達意的文章，整天在網路上寫火星文，唸到大學，寫三百字的課堂報告，錯字就有七、八處。失去了掌握文字的基本能力，當然也難談得上欣賞文學、或能擅於表達。一切教育的失落，可能就來自文字的失落。

好的，我們應該都知道把文字「拾」回來的必要了，但是應該怎麼辦到呢？只是預備筆記本，讓孩子學會每個字的筆畫，或靠硬背學習一些成語，只是把填鴨精神發揮到極致。絕對不是理想的品格教育和創作素養的培養方式。

中文其實是放眼全世界都相當特殊的文字，從發想、應用到演變，每個中文字都像是一場戲劇或一段表達，每個字都有意思極了，都會讓使用這種文字的子民感到驕傲和自滿。由於年代久遠，許多文字的原始涵義早就不可考，即使漢代許慎寫的那本《說文解字》，被後代人視為聖經，很多部分其實是用猜的，這就增加了我們理解文字的自由度了。認識文字，於是就可當做一場知與意的遊戲，把字拆開，組合成你所想像的世界。

從親子共讀，讀出品德來的歷程，就要您和孩子先從理解、想像文字和字詞開始，那就是我們這趟旅程的車票。在你在廣大的人群中擦亮名字，成為一個會發光的人以前，先悠遊進文字的魔幻天地。

建議您和孩子規劃，用一年的時間來讀這本書。準備一本大一點的筆記簿，在封面寫上「成為會發光的人年度計畫」，或任何你自己想到的名稱也可以。建議每次只讀一篇，然後再花一個禮拜，做每個學習單寫下的練習。如果你們有較充足的時間，或決定做得更多一點，可找來文中提到的書、文章來閱讀，上網做更多的功課，去租我提到的那些電影回來看，特別是那些文中有提到的片段，你一定能有更豐富的體驗。

親愛的爸媽和孩子，我不認識你，但我敢保證，一年以後，你將會感覺到自己的改變。你會感覺發起光來，做事情、求學問、想事情都會變得不一樣了。

這樣一年的閱讀和練習，是在為往後的一生做好準備。你將能用更多元、寬廣和更人本的角度去欣賞創作，同樣的精神，也將延伸為你看世界的方法。

Part 1
讀出品德來

1

堅持

守到最後一秒

說文解字

「堅」這個字可拆成上下兩層，上層右邊的「又」是古字的手，「臣」則是已經屈服的人，所以指的是用手抓住屈服的人。下層的「土」則通常表示一種很硬的感覺。「持」就簡單一些，你想像用手端著一個高高的竹竿，記住，就算手酸也不能放手。

「堅持」放在一起，是個常見的詞。就想成堅定持物的姿勢，要像黏土硬了後那般的堅固，是啊，你看過黏土人的姿勢會輕易改變的嗎？

生活經驗

除了身體的姿勢外，「堅持」也有深層的精神意涵。觀看四年一度的世足賽時，那些優秀的球員一直在場內踢球、追球，是不是也曾衝口而出，對了，這就是「堅持」。尤其最後能踢進前四強的球隊，沒有始終堅定，貫徹到最後的昂揚鬥志，那是絕不可能辦到的。

我看了幾場精采的賽事後，深刻體會到，在差不多九十分鐘的比賽裡，前八十九分五十九秒，都是在為「最後一秒的堅持」所做的準備，如果沒有挺到最後一秒，其實，還不能稱為「堅持」吧。不管做什麼事，參加哪類的競賽，人們往往會用「最後一秒」來評斷參賽者的堅持度。

漫畫裡有不少關於足球的作品，《閃電十一人》更從漫畫改編成電玩遊戲，也推出動畫。故事講的是本來有點弱的雷門國中足球隊面臨解散命運，但隊長圓堂守卻憑著奮鬥不懈的精神尋找隊員，開始去打一場接著一場的球。不論遇到何等堅強到不可思議的對手，我真的發現每場球他們都踢到最後一秒，每場比賽是一次小小的堅持，而整個球季下來，就會是個大的堅持。

然而，當最後一秒的哨音響起，當我們知道又堅持過一場比賽前，仍要下足夠的練習功夫。幾十年前，華人世界也出過李惠堂這樣被封為「世界五大球王」的高手，他還曾是「銘傳女子足球隊」的首任教練。李惠堂會這樣優異，其實也下過苦功；有一本他的傳記提到，他小時家裡窮，沒錢買球給他，他早上踢一顆椰子到學校上學，下午放學，再踢一顆椰子回家，就這樣練出了日後驚人的腳力。

《閃電十一人》的圓堂守當然是編出來的，但是很有意思的是，在漫畫裡，他的單名「守」是「守住分數」的意思，他隨身還保有祖父的特訓筆記，在緊要關頭取出來找啟示。我想，如果真有這樣的人，他簡直就是為「堅持」而生的，因為，無論是踢足球或人生的競技場上，你一定得記住，能堅持就是能「守」住，守住你的意志和毅力，在最後一秒來臨前，不要輕易的放棄。

你沒有贏得那場比賽嗎？那是沒有關係的，每場比賽總都有勝負兩方，當你到了最後還站著，還守著自己那如黏土人般的姿勢，你已經贏了。

習題

我應該不知道你的名字，但你有沒有想過，當初長輩為你取名時，對你的期待？你的名字，給你自己帶來怎樣的期待？

名字裡真的有個「守」字的，請在座位上舉手。

2 素食

樸實綠色的吃食方式

說文解字

金文裡，「素」這個字是草木鮮嫩的樣子，上面這個有點像「丰」的，原來是樹葉發散出來的模樣。「食」這個字就精采了，是「用上面的罩蓋住煮得香氣四溢的穀食」，一個字就兼有動作和形體，小時候或在鄉下，你可能看到那種紗罩，用來擋蒼蠅。

現在用習慣的「素食」，指的是沒有肉、不沾葷腥的吃食，一開始大概因為都是蔬果類，自然就聯想到「素」這個字。這時，應該已從狩獵進入到農耕社會，從只有肉吃到吃菜也變得很方便了，所以，「素食」的出現，曾是人類文明史的一次躍進。

生活經驗

「素」原本還有「樸實無華」的意思，你也可以擺脫傳統的詞意，看待成「樸素、節制、綠色的吃食方式」，別只是聽到要吃青菜，你就皺起眉頭吧，吃太多肉，囤積太多熱量，不僅會發胖，還會得許多文明病。有部記錄片《麥胖報告》，那個美國導演摩根史柏路克連續一個月去吃漢堡，其他的都不吃，你看他最後變得大概連體重計都大喊受不了了。看過這部記錄片就知道，媽媽要你少吃點漢堡，是非常有道理的。

在來自歐洲的記錄片《沉默的食物》（Our Daily Bread），我們卻可看到肉食是怎樣生產製造出來的，真實地發現食物鏈的真相。裡頭有從畜養到屠宰的全部環節，也可清楚感受到動物的痛苦。

曾經有一幅漫畫，畫的是把一頭豬從輸送帶送進去，出來一罐罐的肉品罐頭，現在我們卻知道，過程其實沒有那麼的簡單。像是污染的問題、肉裡面的化學毒素、能源的浪費和畜牧業對環境的影響，都無法讓我們安然的面對送到餐桌上的一盤絞肉漢堡。

我有點討厭那種畫著雞啊豬啊堆著笑臉，要你來吃它的廣告畫面。這會讓你產生一種錯覺，以為肉品的生產都是那麼的「可愛」，還以為雞啊豬啊牛啊都那麼甘願的被肢解，送上來給人們吃。看過了《沉默的食物》，稍微了解了真相，真相也許會讓你從此比較願意試試素食。

「素食」也不一定一開始就完全無肉，悄悄的告訴你，我自己就做不到，但倒可把「素食」想像成一種較不會傷害地球的綠色飲食。

美國環保作家約翰雷恩寫過一本《七個環保綠點子——簡簡單單創造綠色新生活》，其中有個點子是吃一道簡單的泰式河粉，因為這道菜沒有太多的烹調，你要記得，烹調其實也是要消耗能源的；吃這道菜會吃到許多新鮮蔬菜，而河粉本身的清爽，又有別於吃肉時身體的沉重負擔。肉食如果是華麗交響曲，素食就是清爽的鋼琴小品。

改變地球，當然可以有很多種方式，許多專家正在努力中。但如果改變自己的吃食方式也可改變地球，就是你該做的了。

習題

有幾位朋友發起「周一無肉日」，就是每周一整天都不要吃肉，你要不要也來試試看。把它當成一種儀式，同時也考驗你的毅力。

食物其實是會影響身體和情緒的，但平常我們卻很少去察覺身體的變化。請你試著寫下整天不吃肉時體內器官的感覺，和其他吃肉的日子有何不同。

3 改變

學習八田與一的精神

說文解字

「改」這個字怎麼想出來的，有幾種講法。一說，左半部是一個孩子做錯事跪著，有人拿著教鞭在懲罰他，要他知過能改；也有種說法比較「人道」些，左邊是「己」的意思，就是「己有過錯就要知道改」。無論你採用哪一種講法，你以後都不會寫錯這個字，寫錯了字就要記得「改」。

「變」看起來筆畫很多，但有沒有注意到它的下半部和「改」的右半部是一樣的，都有「更改」的含意。改變，指的就是「治舊有新」，改掉一些舊的方法和想法，而且越改越好，越改越進步。

生活經驗

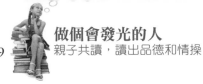

提到改變，我就會想起有年夏日，我們前往烏山頭水庫遊玩。清晨，我和兒子騎上協力車，沿著堤頂的道路騎去。我小時候住台南，卻還是第一次這麼接近烏山頭，觀看閃亮清澈的潭水，心中和單車一樣暢快。

就在堤頂道路的盡頭，有座安靜的日式墓園，還有座雕像，寫著「嘉南大圳設計者八田與一」。雕像坐著，曲起右腳，右手擱在膝上，扶著頭，露出思索的神情。雖是鐵鑄的雕像，衣服卻像過份勞累而浸透了汗漬，探勘的工作才告一段落，他坐下來休息，思索接下來的方向。想不到，這個休息的姿勢就成為永遠。

那是我第一次載兒子騎單車，日後我們到處找地方騎協力車。也是我第一次知道，烏山頭水庫和嘉南大圳，是一個日本的土木工程師所督建的，他就叫八田與一，來自冬天會下雪的北陸金澤。

烏山頭水庫建造七十幾年後，日本人根據考據和史料拍的動畫「八田與一」，重現日本殖民時期那段建造的故事。日據時代台灣的民俗、童謠，現在的總統府還是總督府時台北的街道，連我沒出生前的台南家鄉的樣子，被日本人畫成圖畫，那種懷舊的感覺，一下真說不出來。帥氣的八田與一，當然是動畫的主角，他的故事還穿織著兩對台、日父子，尤其是後來成為八田助手，台灣農夫的長子，無論他名叫徐添文、英哲還是真有其人的徐欣忠，他代表的是一種當年台灣面對現代化，從抗拒到求變的精神。

如果，依照世代在嘉南平原種田的爸爸的想法，阿文這輩子也只能跟祖先一樣，在乾旱龜裂的田壟邊靠老天爺的臉色吃飯，揮汗賣力耕種後，才能得到老天賞賜的作物。天剛亮，就要跟爸爸拉牛車到遠方取水回家灌溉，擦牛背。爸爸不相信有一天能建造水庫，水會沿著蛛網般的圳道來到的夢想。當兒子表達想跟八田去建造水庫時，他打兒子，要兒子別相信日本人，逼得兒子不得不逃離父母身邊。

父子的爭執間，顯現出一個心理學關心的問題：父親的「生命腳本」，兒子是不是得照著再寫一遍？如果由於時代的進步讓兒子眼中的世界和夢想大過爸爸的，而爸爸卻看不到那個夢想時，那該怎麼辦？

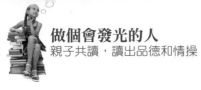

孩子小時候，父親的影響既大且深遠。有時候，爸爸是對的，他畢竟擁有較豐富的閱歷。有時候，時代卻又站在兒子的這一邊。我相信這時需要相互的溝通和理解，如果爸爸願意傾聽兒子的心聲，他或許將發現，一個連他也不十分明瞭的世界，閃亮光芒，在未來等著兒子。

建造烏山頭水庫的那個年代，對台灣人而言，八田與一這個名字代表「對未知的恐懼」和「土木技師時代的來臨」，讓嘉南大圳夢想實現的，是數學、物理學、美國買來的重機械和一百多名殉難的台日籍工人。如今時代翻了好幾翻，八田與一所熟悉的技術終究已成為過去，留下烏山頭潭水邊那個思索的神情，邀請我們繼續思索，是啊，改變會不會變得比較好？未來該怎麼走下去？

如果你對八田與一的生平有興趣，台灣除了有《八田與一傳》外，苗栗縣山腳國小學生在郭燕霖老師帶領下，出了一本繪本《八田與一 kap 阮 e 故事》，有興趣，請找來讀。

習題

你有沒有畫過屬於自己的繪本，找一個你崇拜、喜歡的歷史人物，嘗試來畫一本繪本。不要想得太難，用畫的、貼新聞資料或簡單的幾段敘事都成，但最好是一個完整的故事。說不定，將來也有機會出版你自己的書。

4 創造

從傷痕裡也可造出自我

說文解字

「創造」就是「從無到有把某個東西做出來」。有意思的是，在古代的金文裡，「創」是刀刺到肉裡，造成了傷痕，所以「創傷」的這個「創」字，反而比較接近造字者最早的意思。

「造」這個字，下面長腳，載著一個「告」，是說當你奔走把事情做成功後，就可以告訴別人了。很有意思吧，當你完成了一幅圖畫，或是做了一個漂亮的網頁，不也有這種很想告訴別人的興奮感覺。

所以，當「創」和「造」聯起來變成「創造」這個詞時，其中的深刻含意就是，受傷了，有了傷痕，沒有關係，你還是可以從中「造」出屬於自己的不凡成就。沒有「創」就沒有「造」。

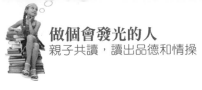

生活經驗

我想起陳亮達這個偉大的小朋友，他有「創」傷，但他「造」出的成績，卻讓所有的人刮目相看。

我原來不知道陳亮達，是在《二分二十秒》裡，看見這個沒有腳的小人兒，一副自得的神情在泳池水道裡游泳。這世界上多的是殘而不廢的勵志範例，然而，是陳亮達的神情，足以讓我們感動和寬慰。

電影裡，陳亮達一句話也沒說，算一算，出現也不過幾分鐘。或許他說不出一番美麗的故事，用精神分析裡的「自卑與超越」、「昇華」等詞彙來形容他，小小的陳亮達說不定還不知是什麼意思，他就是喜歡游泳，體內有一股要他去游泳的力量，讓他進入泳池，循著水道的方向游去。

電影的最後一個鏡頭，提到陳亮達六歲，二〇〇八年得過殘障游泳比賽金牌，阿公說他現在每天都在鳳山游泳池加緊練習，準備參加奧運。所以，陳亮達的未來真的有一個目標，不管那個目標是誰為他訂下的，他就是有一個目標。

兩腳都斷掉的小小孩，還可在游泳比賽奪金牌，這就是自然送給達達的「補償作用」吧。我原來也不知道沒有腳為什麼還能游得那麼好？看過電影才了解這個疑惑，正如電影裡演高中女生的伊娜說的：「達達沒有腳，卻擁有強壯的手臂，靠手臂游泳，補償他的缺憾。」

人生裡，我們在某一方面有缺陷，另一個項目就會較強，得到「自然的補償」。盲人的聽覺會較敏銳，聾人的色彩感異常豐富，許多聾人變成出色的畫家。有人的數學不怎麼樣，連九九乘法都常算錯，卻具備優異的語言能力，就像陳亮達的腿沒了，仍靠強壯的臂膀繼續游泳。唐朝詩人李白說這是「天生我材必有用」，我則想引用「個人心理學」創始人阿德勒寫的一段話：「自然已經把他標誌出來，要他為征服奮鬥。他小而弱，缺乏自我創造的滿足，自然在造他時，忘掉了很多東西，有的瑣碎，有的比較嚴重，這些無疑都會刺激他去發展他的力量。他的存在有很多欠缺之處，這方面的壓力促使他去創造新的，也許完全是創造性的生活形式。他的遊戲總是針對一個未來的目標，是他的自我創造力的標記。」想要認識阿德勒這位心理學家，你還可閱讀《自卑與生活》這本書。

不妨，我們就如此看待陳亮達的故事吧。沒有雙腳，他改靠手臂游泳，就不僅僅是補償而已，其實，也正是一種「自我的創造」。我不知道他為何會失去雙腳，但「沒有腳」變為他的標記，游泳這件事，卻才是他的「創造」。

阿德勒還說，自然在造每個人時都忘掉了很多東西。阿德勒自己從小就駝背，一生都不太能從事運動，五歲那年幾乎死於肺炎，然而，最後他仍成為偉大的心理學家，自然給了他補償。所以，請你一直記得，自然造了我們的樣子，我們的目標、價值和力量，卻得靠自己去創造。

習題

每個人都有一些覺得不如別人的東西，或是「創傷」，但這些不如別人的東西，是不是反而讓你得到了沒有想到過的東西呢。以前美國有個女畫家，從小近視很深，同學都嘲笑她，但她畫出來的景像也是一片模模糊糊的，反而變成了另一種美感。

身旁的人或你有沒有相同的故事，請你寫下來。

5

聯繫

天南地北請常保持聯絡

說文解字

「聯」和「繫」這兩個字都有「絲」，你扯過絲布嗎，就會發現絲連續不絕的特質，所以，這兩個字都有連連不斷的意思。你也可想像成蠶吐絲，它是一根絲接著一根絲從肚裡吐出來的，所以唐朝詩人李商隱有句詩「春蠶到死絲方盡」。

「聯」這個字左邊的耳朵就有幾種講法了。有人說因為耳朵和臉頰相連，有「連」的含意；也有說古代的器物如絕、盤、壺都有耳，用繩子穿過去可以提起來。所以，不管你比較喜歡哪種說法，這個字原本的意思就是「相連」。

「聯繫」這個詞的意思，用口語的說法，就是「常聯絡」，而且要像絲一樣的，一直都保持著聯絡才算。

你現在跟好朋友怎麼聯絡呢？透過網路嗎？

生活經驗

去年夏天，我們想去金門遊玩，卻不知道可以住在哪裡，第一個想到的是，上網搜尋金門民宿的資訊。網路裡，果然什麼都有，我們也順利訂到房間。

我們住的地方叫「大夫第」，曾是清朝的薛家兄弟在外地賺錢捐官爵所建的，倒不是真正的做過官。古意盎然的屋舍分左右護龍，每個房間以中國古代美女命名。開幕時，金門詩人鄭愁予曾來住過，剪報安靜地貼在玻璃框內，提示著當時的冠蓋繁華。

在金門那幾天，我感受到的金門，是極安靜和乾淨的，像無聲的電波。然而，我知道金門人也同樣會上網，同樣發出電波訊息，度過台灣海峽，搜尋另一座島的資訊。

比方說，《夏天協奏曲》裡，住在金門的阿寬就是上網，知道得過全國鋼琴比賽第一名的小青，而小青竟然真的來到金門，和阿寬認識了。

阿寬說，六個人就能產生聯結，透過六個人的關係，就能認識所有的人，包括小青，也籠罩在這座聯結網路內。他提到的是現在已經很有名的，由心理學家史坦利．密格蘭做過的研究。心理學家做研究時，網路還沒有出現，必須靠寄信一一找朋友的朋友做聯結，然後才得出「六度聯結」的結論。

現在，有網路、部落格，還有臉書，只要擁有兩個共同朋友，或是曾經讀過同一所學校，參加過同一個社團，就可能被臉書自動聯結，結交為朋友，互相交換音信。網路裡，六度聯結的距離更縮小了，我看，現在兩度聯結就夠了。

幾天前，有位十多年未見面的朋友的名字，突然出現在臉書上，我看見她的名字，還嚇了一跳，真的是她嗎？趕緊將她加入好友名單，不多久，她就來我的塗鴉牆上留言，互相問好。這位朋友熱愛古典音樂，我想，我們的重新聯結，就像一首協奏曲，是這個冬天美好的事物之一。

兩個人間的音樂形式，有齊唱、輪唱、對口、奏鳴和伴奏，而網路上的MSN或臉書，其實才比較像是協奏曲。如果是小提琴協奏曲，一定有一支主奏的小提琴，其他樂器各自發響，各自有樂譜，卻總合成一個完整的樂曲印象。網路或真實世界裡，主奏者當然始終是你，其他的聲音、發言圍繞著你。當然，更多的時候，你也是別人世界裡的協奏者。一個能產生聯結的小小世界，美妙之處就在於，你既是主奏者，也是協奏者；你能夠主動聯結別人，別人也能夠來聯結你。

屬於金門的協奏曲是燕尾屋、聚落、坑道、海岸和廣東靡粥，你到金門，一定要吃上一碗。還有，電影裡阿寬名字的由來，漲潮就沒有路可以回去的小島，叫做建功嶼。一座島就如同一個人，如果漲潮後你還留在小島，一定會想念起與別人聯結的樂趣。

遙遠的海面，散佈著更多更多的小島。陌生的世界，住著更多更多的人。我們，如何聯結在一起？

習題

找一個名人吧，想想看，透過幾個人的關係，你可以和這個人聯繫上呢？把中間的關係用線連起來。比如說，你想的是美國總統歐巴馬，你就想你認識誰，誰又認識誰，然後可連到認識歐巴馬。試看看，是否不管什麼人，你最短的距離都可在六個人就連到。跟我們之間連得越近的，當然也跟我們越親近。

如果你再多想幾組人的關係，然後甚至讓彼此相連，你將會發現，沒錯，人的世界其實是非常親近的。每個人的身上都連著無數的絲線，而且會一直連下去。

6 謙遜

成功的背後非如此不可！

說文解字

「謙」這個字是傳統的形聲字，這是你一定知道的。形是「言」，聲則與「兼」很接近，所以意思一定跟「講話」脫離不了關係，通常是指「敬語」，恭恭敬敬的講話。對啊，很像你站在校長面前講話的模樣。

然而，你也可以把「兼」看成是古字「并」，這是兩者合而為一的意思，「謙」也就是說當你尊敬對方講話很恭敬，好像已經跟對方合起來，完全沒有自己了的意思，「謙」到好像自己都不見了。

「遜」這個字下面的走馬部，通常都有走或移動的意思，所以「遜」和「遁」意思相通，也就是「逃去」。還有人說這個字上面是個「孫」字，在古代很有「規矩」的大家庭裡，孫子輩遇見祖父母真的是要很「謙遜」的，如果長輩沒有叫到他，他還得「躲」在一旁呢。不過，我們理解「謙遜」這個詞的意思是怎麼來的就好，現代很多祖父母是很疼孫子的。

生活經驗

什麼時候會讓你感到「謙遜」？這是沒有標準答案的，你也可以有自己的答案。我想起曾經有位學音樂的朋友告訴我，當他拉起小提琴曲時感受到那些作曲家的偉大，就會出現很接近「謙遜」的感覺。

音樂，對你而言是什麼？如果你從小就學音樂，想起的是老師的叮嚀：「這裡再加強」、「抓準節拍」？如果你參加過比賽，在學校組過樂團，想起的是琴弓同時擦在弦上發出的聲響，或合唱時許多張嘴巴發出的多聲部和諧音？

對貝多芬而言，音樂就像他在最後一首四重奏，最後一樂章的主題樂譜上的加註：「非如此不可」。那時，貝多芬已耳聾，他靠樂譜上的註解表達心中的音樂。

對七歲就得過香港音樂大獎，還去捷克演出的黃家正，音樂的意義卻不如懂得做「人」（human），他渴望從音樂體會人的存在意義。

我是在《KJ音樂人生》認識黃家正的。十七歲時，他帶領拔萃學院的學弟妹參加室內樂比賽，選了一首超過規定時間的貝多芬奏鳴曲，他相信這首高難度的樂曲，可以讓裁判留下深刻印象。果然，經過裁判扣分後，仍然得到第一名。對於音樂演奏，他是名如此有自信的少年，然而，早熟的他仍然尋找著生命的意義。

自信之餘，黃家正其實也懂得謙遜。十七歲受訪時，他將成就歸功於小時的老師羅乃新，還說任何一個人遇上好老師，都可以成為音樂家。有一段我印象很深刻，羅老師帶黃家正在電台播放他演奏的協奏曲，收到觀眾傳真，家正打電話過去，那個觀眾提供許多意見，雖然不全是正面的，羅老師仍跟家正說，我們要感謝這位聽眾這麼的熱心，「當音樂家最重要的是什麼？」家正給了一個答案，羅老師說：「是謙卑。」這部記錄片開始拍攝時，黃家正才十一歲，他的音樂家生涯才要開始發光發熱，將來他或許會成為專業的音樂家，繼續探索做「人」的意義。像我這種只能坐在台下的觀眾，對演奏者的精湛造詣，往往只能嘆為觀止，覺得每次演出都好完美。然而，音樂家追求的「完美」，卻是永無止境的。小小年紀的黃家正就說：「沒有完美這回事，音準要完全對，樂符也剛好落在同一點，這種完美，有可能嗎？」

所以，如果對音樂來說，完美就是絲毫不差的演奏出樂譜的記載，那麼就不會有完美，所有人的演奏版本，永遠都和「完美」擦身而過。大概連貝多芬來演奏他自己的作品，也不可能達到完完全全的「完美」。即使小小年紀的家正就已得到大獎，坐在比他還高的鋼琴前與著名的樂團合作，羅老師仍不忘提醒家正，「一定要保有謙遜的心」。同時擁有自信和謙卑的心，是一位音樂老師和小小音樂天才送給我們最好的禮物。無論是音樂、人生或任何你所喜愛的東西，就像貝多芬所寫下的，非如此不可！

習題

除了流行歌曲外，我要請你也來聽聽古典音樂，就拿貝多芬來說吧，我要你找一首貝多芬的音樂來聽，別說你只聽過《給愛麗絲》喔，貝多芬的交響曲、協奏曲和奏鳴曲都非常的動聽。

如果爸爸媽媽本身也沒有在聽古典音樂，邀請你一個禮拜有一天，有系統的找一段古典音樂來聽，貝多芬是個很好的入門。

對了，你也可試著採用日劇《交響情人夢》的方法，在聆聽音樂前先蒐集、瞭解這首樂曲的故事。

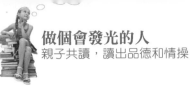

7 尊重

開展每個人的精神世界

說文解字

「尊」這個字底下的「寸」，在古代指的是「手」，而「酋」則是酒。整個字其實是用手奉上酒器，也就是宴客時「敬酒」的意思，「尊」奉對方為上賓。

「重」這個字，頗能引發思考，原本的意思是「厚」。你若能找到這個字的甲骨文和金文，可以看出「重」描畫的是人站在土地上，然後才知道土地的「厚重」。

從「尊」到「重」，你好像也踏上一塊土地，感覺到天的高和地的厚，心裡油然而生的敬意就是「尊重」。

繼續想像你站在土地上，要「尊重」的也包括土地上的居民和事物，即使和我們非常不一樣，都是值得尊重的對象。

生活經驗

有位日本人叫崎山克彥，已經是七十五歲的老爺爺，他在五十三歲時喜歡上菲律賓宿霧附近的卡兒哈甘島，便花掉一生的積蓄買下那座島。剛買時，有人建議他，趕走原本住在島上的原住民，崎山爺爺卻沒有這樣做，選擇和島民一起生活，尊重他們的文化和生活方式，他還努力學當地的比沙亞語，沒有由於他是日本人，就強迫當地人去學日語。他就是由喜愛土地而油然生起了「尊重」。

有了尊重的心意，才會懂得欣賞。在崎山克彥的書《我有一個島》裡，他盛讚卡兒哈甘島上「村裡島民的聲音，對我來說，島民所操的比沙亞語已經不是一種語言，而是聽起來像音樂般悅耳的聲音。」

如果只擁有土地而不懂得尊重，那就像《航海王——冬島的櫻花》（在台灣上映名為《強者天下》），擁有可怕果實能力的金獅子獅鬼來到冬島，卻抱著征服的心態，要島民稱他為王，把整座島佔為己有。就算他功夫真的很強，島民也只是怕他恨他而已。難怪魯夫一行人來到冬島後，島民會來幫助他們，和金獅子展開激烈戰鬥。

其實，在大航海時代，當帝國的船踏上海島的土地時，多半都想去征服當地人。是要經過四、五個世紀後，人類才開始反省，接受「互相尊重」的道理。否則，「征服」起自人們貪婪的性格，而不是一種精神的美德。

一九八三年諾貝爾文學獎得主威廉高定寫的《蒼蠅王》，也曾拍成電影，內容講的也是一座島上的故事，但那群來自英國公學校的文明少年，卻在無人小島上展開掠奪，互相殘殺。有人說威廉高定對人性的看法過於悲觀，他在諾貝爾典禮致詞時特別提到，在科學定律管轄的世界裡，他是悲觀的，臣服於以萬物為芻狗的造物主前。但是，若考慮到科學定律所管不到的精神世界時，他其實是個樂觀主義者。

威廉高定說得很對，只有學習「尊重」，才能戰勝貪婪的人性。只要能開展出每個人內在的精神世界，那就會像是一座人間的樂園，海水清澈透涼，風吹來輕盈舒暢。

習題

如果你剛好是《航海王》迷，給你出個習題，把動畫裡有關「征服」和「尊重」的部分分別列出來，再想想看，在動畫的情節裡，「尊重」是怎麼辦到的呢？

看事情的基本方法

說文解字

「對」其實就是「答」，甲骨文裡，右邊的「寸」是一隻手，拿著左邊的笏，準備要回答對方的問題。你如果看過古裝的朝廷片，或《孔子》那部電影，當臣子啟奏皇帝時，手上都會持著塊那樣的玉器。而且玉器都有嚴格規定，不可亂拿，就像對皇帝答話，也不能亂講。

我在瞭解「比」這個字時，總覺得它跟「飛」的古字一樣，指的是兩隻翅膀並排在一起，結果意思差不多，只不過不是翅膀，而是兩個人相比，又有點親密，卻又有點較量的意味。

因此，可以這樣來想像「對比」：有問就有對，它們的關係是互相呼應的。這也是我們看事情的基本方法，你必定要看到正反兩面，正的另一面必然有個反面的。

生活經驗

在大探險的時代，隨著航海家的船經過的國家和文化，其實就是「對比」的好例子，其中，你必定讀過死在菲律賓的麥哲倫。

課本裡，麥哲倫得到的稱號是「探險家」，一五一八年，麥哲倫率領西班牙艦隊航越南美岬角，進入太平洋，尋找從歐洲通往亞洲的另一條航線，也為後世的地圖，留下風濤險惡的麥哲倫海峽。

說麥哲倫是不折不扣的大英雄吧，其實，他卻又兩邊都不是。一五二一年，麥哲倫抵達菲律賓宿霧島，參與土著部落間的宿怨糾紛，帶著六十人前往攻擊馬克坦島。麥哲倫以為憑著歐洲人的槍砲，可以順利懾服當地人，卻難敵酋長西拉普拉普帶領的人數優勢。麥哲倫死後，再由船員率領返回西班牙，一五二二年，惟剩一艘維多利亞號返航。如今，宿霧島矗立著西拉普拉普的巨大雕像，在菲律賓人眼裡，他是抵抗歐洲強權，捍衛家園的民族英雄。

將近五百年後，麥哲倫留下的，除了歷史地位，還有一條虛線的，環繞地球一周的「麥哲倫航線」。電影《小人物征服大世界》（The World in Two Round Trips）記載的，就是巴西的舒曼夫妻帶著領養的愛滋寶寶凱特、記錄片導演等人，循麥哲倫航線環繞地球的旅程。

這趟旅行，整整花了近三年，去過十九個國家。和麥哲倫不同的是，麥哲倫遇到的種種驚險情節，全靠一名水手的筆記留下了文字記錄，而拜網路科技之賜，全球有幾千萬人定期觀看舒曼夫妻的網路航海日記，當時也被聯合國教科文組織選為推薦網站。然而，我們平常在陸地上住慣了，可能還是很難想像，終年生活在波浪上的滋味。其實，我們在這類航海、民族誌的記錄片裡，最深刻的體會就是一種「過日子的可能」，看見美麗的波里尼西亞或巴里島，我們才發現，原來還有人是在這樣過著日子的，而且這群人，人數也不會比我們少喔。如果不出海航行，不去體會其他文明的生活，我們對未來和生活的想像，可能都會過於偏狹。就像舒曼夫婦踏上智利外海的復活島上的感想：「在書本讀到的復活島是一回事，當你親自登上復活島，看見那些神秘的石像，感覺完全不一樣。」

舒曼夫婦嚮往航海，他們的作法看來簡單，訂下一個日期，約定好孩子十歲時他們就出海，舒曼太太說，「這是所有探險的第一步。」離開本來的生活軌跡，要體會的其實也就是「事情的另一面」，陸地與海洋，穩定和流動，小人物和大世界，海洋與天空，歷史和現代，麥哲倫和舒曼，都在同一趟航海旅程間，你還可以想到些什麼樣的對比？

談到對比，麥哲倫本人可能就是最好的例子呢。在當年他喪命的馬克坦島上有一座雙面碑，用兩種筆法寫下同 件事，正面：「一五二一年四月二十七日，西拉普拉普在此擊潰西班牙侵略者，擊斃麥哲倫船長。」背面：「一五二一年四月二十七日，斐迪南．麥哲倫與馬拉坦烏酋長西拉普拉普激戰，壯烈犧牲。」

習題

有句話讓我留下深刻印象，「當我終日抱怨自己沒有鞋子穿時，卻看見了一個沒有腳的人。」你認為這是一種「對比」嗎？陰與陽、黑與白、日與夜，我們生活周遭的所有事物，都有著「對比」。

請你在這裡寫下找得到的對比金句吧。要怎麼開始，也請爸爸媽媽一起參與。

9 天份

心中宇宙閃閃發亮

說文解字

你一定會寫「天」這個字，說不定在讀幼稚園時就會寫了，考你，你當然也知道「天」的意思。但是，你可曾想過，古代人當初發明「天」這個字時，卻是從「人」出發的。

先看「大」和「天」這兩個字吧，「大」其實是沒有特別強調「人頭」的人，而「天」就有了「頭頂」的意象。清末民初的大學者章太炎就寫過：「天即人頂，引申之為蒼蒼者。」人抬起頭來看見了天，沒有把頭抬起來，你就看不見蔚藍的天。

春秋戰國時代的哲學家荀子有句話，也很值得學習，「不為而成，不求而得，夫是之謂天職。」「天職」就是老天爺給與的，要你去做到的事情，不是人可以去求或刻意去做的，就像我們常說某某人很有「天份」那樣。

「份」這個字也很有意思，你可以解釋成「每個人所分到的」，不管是蛋糕、能力或錢財。你覺得你分到的是什麼呢？當然，很多是強求不來的。

生活經驗

我們都會羨慕有天份的人，然而，有天份的人卻常會被誤解。

有位研究所碩士班學妹，在教國中生的補習班兼課。聊天時她說，最近有個很有繪畫天份的國中生，被爸媽送來補習班。這位同學喜歡畫畫的程度，到了只要書本、紙張或者白布到了他手上，轉眼就佈滿圖案。在學校裡，同學會拿白襯衫給他畫畫，從他的眼睛望出去，這個世界一定充滿神奇的圖樣和色彩。然而，換來的，卻是爸媽和學校老師的煩惱。

學妹是這位同學的補習班導師，他來上課的第一天，由媽媽陪著，媽媽就告訴我的學妹，會畫畫的將來不會有競爭力，「很多會畫畫的人，現在不都流落街頭塗鴉嗎？」媽媽將孩子送來補習班，就是希望導師能壓抑孩子到處畫畫的習慣，把心力多放在功課上面。

這下，輪到學妹開始煩惱，她覺得這位同學小小年紀，畫風卻非常熟練，用色大膽，還能將日常生活看見的東西畫進去。然而，她又須負起導師的責任，常常要勸同學不要在上課時畫畫，專心聽課。她總是記得，同學收起畫筆，流露失望的眼神。我告訴學妹，應該請這位同學的爸媽去看印度電影《心中的小星星》。裡頭，也有個具備繪畫天份，卻因為讀寫障礙不被老師理解，孤獨、挫折、畏縮人際的小男生伊翔。但是，只要遇到了解他的困難的老師，願意以耐心和包容心對待他，讓他釋放出心中的小星星，他就會變成一個完全不一樣，令師長父母刮目相看的學生。

確實，如果班上出現一個同學，搞不清楚d和b、p和q的分別，把3×9的答案寫成3（但他推理的過程卻非常科幻），老師要他起來念一段課文，然後指出裡面有多少形容詞，他卻胡亂念一通，不僅其他同學會嘲笑他，連老師也會覺得傷腦筋。《心中的小星星》電影裡，英文老師最恐怖，動不動就將伊翔趕出教室，當他是無可救藥的壞學生。老師總是有理由：她要按照教課進度、要照顧到所有同學，不喜歡班上出現這樣的學生。

萬一，萬一這位同學真的只是有讀寫障礙，卻擁有豐富的感官和創造天份呢？

他可能不會像伊翔那般幸運，還能遇到個好老師。他的天才，可能就會被埋沒，連愛他的爸爸媽媽都搖頭放棄他了。

電影中，美術老師舉了許多小時候也有讀寫障礙的天才，像愛因斯坦和寫倒影字的超級大天才達文西。愛因斯坦的思考方式，和伊翔的圖像型思考有點類似，愛因斯坦會假裝像一個光子以光速移動，先想像他所看到的、感覺到的，然後再想像變成第二個光子，正在追趕第一個光子。把許多光子的跳躍和追逐連起來，就是電影裡，伊翔把他看見的滿天繁星，畫成地上、池塘裡的星星。星星在天空，在他的心中，也在圖畫中，宇宙跟著閃閃發亮起來。

原來，真正的大天才是這樣在看事情的，所以，別擔心自己的思考方式和別人的不一樣。

習題

請爸媽和孩子一起想想，也請爸媽講出自己的感覺：從小到大，你擁有什麼樣的天份，卻是老師或父母所沒有發現的呢？

如果，你遇到了一個好老師，或許就會完全不一樣了。

10 幻想

妖怪有顆美麗的心

說文解字

「幻」這個字的金文，我第一次看見時，覺得像極了一副眼鏡，但是，那麼早以前，應該還沒有發明出眼鏡。

所以，我又開始「幻想」會不會發明這個字的人有預知能力，早早就發明了這個像眼鏡的字。如果你有近視，摘下眼鏡看到一片茫茫的世界，就非常的「幻」了。

「幻」指的是虛無，如《金剛經》所說的：「一切有為法，如夢幻泡影。」也指假想、假象、不切實際的念頭。如「幻燈片」的用法就是取這個意思。那是影像和顏色凝聚在一片塑膠片上形成的「幻影」，這樣說的話，所有的電影也應該稱為「幻影」了。所有的童話、神話、寓言、怪談、故事，也全屬「幻想」。

但是，「幻想」和「幻影」就一定是不好的事嗎？也不一定囉。

生活經驗

故事就是這樣，從小讀過的童話故事書，多年後再找出來重讀，熟悉的情節裡，傑克照常得到蘋果，王子和公主過著幸福的生活，女巫的計謀不會得逞，小木偶皮卡丘還是會被吃進鯨魚的肚子。童話故事的規則，總是如此清楚，卻也能得到每個世代的讚嘆，我們對廣大世界的探索，從翻開童話書開始。

你忙著做功課，討論網路電玩，看電視，已經很久沒有翻開童話故事了。你想，童話總是與現實愈行愈遠，像你曾經相信過的牙仙、小精靈和神仙教母，原來都不是真的。童話，只是童年的夢囈，而你長大了，不再相信。

然而，當你看《史瑞克》時，心裡會怎麼想？當你發現，出發救公主的是隻綠皮膚的妖怪，金髮的王子愛的是自己，一點本事也沒有；公主也全副武功，不會乖乖的讓壞人欺負。你覺得史瑞克真是酷，原來醜陋的外表下也能有溫軟心腸，你看人的角度，也不再那麼的武斷了。

也不僅是酷而已，《史瑞克》系列提供的是一種不一樣的思考遊戲，從熟悉的童話故事和人物出發，看我們能不能創造出屬於自己的故事版本。這種思考遊戲，就像有一年基測英文科作文題目「沒有電的世界」那樣，促使我們穿透熟悉的事物表相，活絡想像，《史瑞克》提出的一個問題是：「如果故事的英雄是一隻妖怪，怎麼辦？」

《史瑞克三世》的劇情，環繞在白馬王子的反擊計謀，他人也不壞，只是愛慕虛榮。電影裡，他跑進客棧找虎克船長、大野狼、黑心皇后一干童話裡的壞蛋，唆使眾人集結叛亂。

白馬王子說：「每個故事都有不一樣的版本，這次，換我們當主角了。」「壞蛋」們的行動也許不值得嘉許，但白馬王子說的很有道理，每個故事都不注定要這樣寫，就算作者寫好了結局，我們也能有自己的想法。

將來你有機會，敢看恐怖片，應該看看彭氏兄弟導的《鬼域》，電影說一位小說作家創造又丟棄掉的小說角色，其實並沒有消失，而是漂浮在人世以外的另一個世界，如果這些角色搬到《史瑞克》的「遠得不得了王國」，一定也會加入白馬王子的陣營。

記得要保存、珍惜你的幻想，不能隨便丟掉。活在你故事版本裡的角色，和真實世界一樣有價值，只要擁有幻想力和顆美麗的心，遠得不得了王國，其實近在眼前。

習題

請爸媽和你一起來玩幻想，用史瑞克和周邊的驢子、帽子貓和餅乾人等等當角色，為他們編一個故事吧。

規則：絕不能重覆、模仿已經拍了四集的《史瑞克》劇情。

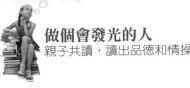

11 用心

天才成功的秘密

說文解字

「用心」是我們常用的一個詞，當你功課退步，或是作業沒有寫好時，老師可能會說：「用心一點」。但是，你覺得怎樣才算是「用心」呢？難道，你可以用「心臟」而不是用「腦袋」、「眼睛」、「手」來寫功課嗎？

重要的是「用」這個字吧，指的是「置干於架，有事則用之」，干是古時候的一種武器，所以有「化干戈為玉帛」這個詞。把「用」這個字裡面的「干」放在架子上，有需要的時候就可以拿到，非常方便。

當你拿起長干要怎麼「用」，當然是要「行使」一番，所以「用」就有「行使」的意思。

你瞭解「用」的意思了吧，但是，當你自己做練習時，你明白什麼才叫做「用心」嗎？

生活經驗

練習彈鋼琴、跳芭雷舞、寫書法等等，老師最常掛在嘴邊的一句話恐怕是「用心學」，「用心學」和「心不在焉」剛好是相反的意思，然而，我們時常疑惑：什麼樣才稱得上「用心學」？

哈佛大學心理系教授愛倫・嵐格曾經寫過一本書，書名就叫《用心》（Mindfulness），後來，她為「用心學習」下了定義，「用心學習」就是擁有向所有經驗開放的心胸，動用所有的意志、認知、注意力和感官全部投入。最後「用心學習」的人也一定會出現內省的察覺。

另有許多心理學家，用其他字眼形容這個學習的最高境界，如馬斯洛提出的「高峰經驗」，卡爾・羅傑士說最理想的學習是「充分發揮功能」（full functioning）；心理學家傑克森米哈宜的「心流說」也主張，創造力高的人常處於心是在流動、流暢的狀態，了無障礙，你的身和心都加入了流動。

談起「流動感」，我會想起「天鵝湖」的小天鵝之舞，潔白的紗裙和姿勢從柴可夫斯基的音樂裡輕盈流動。在日本電影《芭蕾少女》中，藉著少女宮本昂生命與學舞歷程的流動，我體會出芭蕾的美感。

電影裡，宮本昂因為要在酒店跳舞打工賺學費，回來練芭蕾時，老師總嫌她動作太粗，與其他舞者配合不來，最後，她的進步，卻在努力體會察覺節奏和呼吸後，出現心理學家所說的，神秘的「高峰經驗」和「心流」。

早年，宮本昂的媽媽和弟弟都死於遺傳疾病，病症之一就是會失去記憶。小時候，宮本昂親眼目睹弟弟和媽媽的發病和死去，所以，她一直擔心，自己會不會也得了這種病，會突然也失去了記憶，在最重要的一場演出時，腦中一片空白死在舞台上。宮本昂說，她就是在強烈的恐懼下跳完小天鵝之舞。

但是，無論「突然感覺失去控制」、「覺得快死了」」，其實就是表演者忘情投入，臻於高峰的一種可能的感覺。即使像瑪莎葛蘭姆、喬治巴蘭欽、紐瑞耶夫這種世紀舞者，達到如此頂峰的表演，一生也僅有幾次而已。那個片刻裡，失去控制、失去時間感，沒有自我感，甚至也不會去留意觀眾的反應，她徹底融入音樂和舞蹈。

當宮本昂講出內心恐懼時，年輕時也學過舞的老闆娘五十鈴告訴她：「如果能維持這種要生要死的感覺三到五分鐘，就是最傑出的舞者了。」因為，如果僅擁有非常準確、熟練的技術，一味執著於正確，那還是不夠的。最傑出的表演者，正是能全心全意忘情投入，連生死都暫時拋開，才能達到最頂尖的境界。如果宮本昂只有技巧，以為跳舞是和同伴動作一致就夠了，她就什麼也不是了。

唉呀，剛開始時，學習正確技術還是很重要的，宮本昂也歷經過這個階段。但是，愛倫．嵐格告訴我們，當你全心全意投入，將會擁有向更多經驗開放的心胸，最傑出的境界並不只在技術裡。德國鋼琴家瓦特．吉賽金常要求學生離開鋼琴去學好音樂，這就像《芭蕾少女》裡，宮本昂對芭蕾節奏的體會是在街上學到的。這種感覺，需要你往後更用心細細的體會揣摩。

習題

想對「創造力」與「用心」有更深一層瞭解的爸爸媽媽，推薦你們讀讀傑克森米哈宜寫的《創造力》，他訪問了一千多名在各方面有傑出成就的天才，包括許多諾貝爾獎得主，發現「用心」對創造力具有非常關鍵的效應。用心，不一定讓你成為天才，但凡是天才，一定都是用心的。

讀過這本書，記得與你的孩子分享，讓他自行體驗天才的成功經驗。

12 嘗試

有失敗才有進步的空間

說文解字

「嘗」這個字聽起來就讓人很想吃東西的感覺，看它的字形，下面的「旨」，以前就是指「美味可口的食物」，上面的「尚」，有「加」的意思，就是用「舌頭舔」。用舌頭去舔下面的「甘旨口味」。

但是，食物到底是什麼味道，卻要在「試」了以後才知道的。像有一次美術館推出巧克力展，用巧克力做出維妙維肖的披薩，但吃來應該還是巧克力的味道吧。只要有「嘗」，騙過了眼睛，卻騙不了舌頭。

生活經驗

一定有人告訴過你，成功的滋味，「嘗」來多麼美好。

說不定，你的書桌，靠近課本的位置，就放著一個「成功」的座右銘，敦促你日夜精進邁向成功。是啊，什麼人跟你說的，歷史只為成功的人留著位置，失敗的人注定會被遺忘。

很早，你就知道這層道理了，你努力想追求一個成功的人生，因為第一名永遠只有一個。學習一項技藝時，你夢想著成功，就像有個少年怎麼樣也學不會騎腳踏車，他告訴我：「我討厭失敗時的自己。」

嘿，少年，失敗也是你自己非常重要的經驗，成功就是從許多失敗裡累積出來的戰利品。我跟少年提起愛迪生發明電燈泡的故事，為了尋找燈絲，他試過一千六百多種材質都失敗了，有人問他會不會氣餒，愛迪生回答：「現在我知道一千多種不能做燈絲的材質了。」下一次，愛迪生手裡的燈泡就將發出光亮，改變世界。

害怕失敗時，你可以去看迪士尼拍的動畫《未來小子》（Meet the Robinsons），小路易士經過時光旅行見到未來的家人，未來的機器人好新奇，可以自己噴出花生醬，但機器人卻故障了，家人鼓勵他動手修理，「這是未來的機器啊，我看都沒有看過，怎麼懂得修理？」家人起鬨：「試試看嘛，不試你怎麼知道會不會修理？」

後來，小路易士還是搞砸了，花生醬噴得一屋子，他垂下頭，心想要被責罵了，家人卻向他道賀、恭喜：「失敗得好！」「有失敗，才有進步的空間啊。」老祖父還告訴他，只要永遠不忘記，一試再試。這部電影裡，偉大的時光旅行機就是他發明出來的，而一切的一切，來自於他一次又一次，光榮的失敗。

你覺得這只是部動畫，這世界才不會有「光榮的失敗」？嘿，請你去看改編自美國太空總署工程師侯麥希肯自傳的電影《十月的天空》，當他還是少年時，用三十支沖天炮做成火箭發射失敗，眾人嘲笑他只會做白日夢，爸爸要他去煤礦坑做工，只有學校老師願意相信他。如果那次失敗，侯麥就放棄了自己的夢想，不再動手做火箭，日後，他也不會成功的當上科學家了。

成功，也許就在下一刻靈光一閃，也許，就是下一次的倒數計時，然後像愛迪生手中的燈泡，突然點亮了全世界。《未來小子》裡，把做失敗的機器稱為「原型」，靠著每次原型的修改、更正，才讓最後的成功成為可能。

你再也不會害怕失敗了吧，未來的你。

習題

爸媽從小到大，必然都有過成功和失敗的經驗。成功感覺很棒，也沒有人是願意失敗的，但失敗卻是每個人都會「嘗」到的滋味。

不要只一味宣揚、讚美成功，請爸媽與孩子分享自己失敗的經驗，最重要的，你從失敗裡學到了什麼？

13

考察

把事實真相搞個明白

說文解字

沒有必要看到「考」這個字就緊張兮兮的啦，雖然我知道，台灣的中學甚至小學高年級以後的生活，基本上就是「大考在望，小考不斷」。還有人將他從小到考上大學前的所有考卷都仔細收藏起來，稱一稱，就有十幾公斤重。

放輕鬆一點來看「考」這個字吧，在以前，「考」和「老」是一樣的意思，所以，我以前常跟年輕朋友說，不要那麼怕「考」，「考」其實還有「把事實真相搞個明白」的意思，經過了「考」的階段，你就具備了專門的知識，稱得上「老」資格了。

生活經驗

你以後要一一考察的事情可多著呢，這次，讓我們到冰河時期考察一番吧。

有文字文明後的人類，沒有人真的經歷過冰河時期，對這個時期的認識，來自地質學、考古學、人類學和古生物學的研究。有部卡通片《冰原歷險記3：恐龍現身》正可滿足我們對此時期的好奇。

先從長毛象蠻尼考據起，長毛象活在十三萬五千年到一萬一千年前，西伯利亞的雅庫特區曾經挖掘出長毛象和長毛犀牛的化石。生物學家說，長毛象在上個冰河時期就已滅種，原因到現在仍不明。因此，電影裡，蠻尼遇見伊麗，還生下了小長毛象桃子，其實不太可能發生。我也有點懷疑，那時的長毛象會看過桃子、葡萄柚這類溫、熱帶的水果。

劍齒虎狄亞哥擁有個西班牙裔的名字，所以應該來自南美洲，這是有可能的。劍齒虎的年代是從始新世中期到更新世晚期，在兩萬年前滅種。在南、北美洲，都曾挖掘出大量劍齒虎的化石，應該就是它們的活躍範圍。如果電影設定的是兩萬年前的冰河時代，狄亞哥肯定才是最後一隻劍齒虎。

劍齒虎有現代獅子的兩倍大，後腳的骨架大於前腳，與其說是老虎，反而較像是花豹的祖先，而花豹正是世界上跑得最快的動物。電影裡，狄亞哥追捕鬃羊，跑到老眼昏花、氣喘噓噓，還被鬃羊嘲笑，現實生態裡應該不可能發生。就算劍齒虎已老，威勇必然仍在，另一部《史前一萬年》，劍齒虎出場的懾人氣勢，可能比較接近事實。

比較有問題的是恐龍。生物學家說恐龍滅絕於六千五百萬年前，原因眾說紛紜，有彗星撞擊地球說、火山爆發說、氣候變冷說。這部電影的英文片名叫《恐龍的黎明》，恐怕會誤導沒有古生物史知識的觀眾以為，暴龍、棘龍、雷龍、翼手龍和三角龍都在冰河時期後才開始。

人類祖先有可能經歷過冰河時期，幾年前肯亞挖掘出的原始人骨骸，可上推到一百五十萬年前，稱為「千禧人」。一百五十萬年前，人類和長毛象、劍齒虎說不定真的交過手，但關係肯定不好，都想把對方當成豐盛晚餐。說不定真有長毛象和劍齒虎撿到過小嬰孩，我說的只是也許。

看完電影，如果能引發你對古生物、生態的興趣，或許也是種收穫吧。看著這些遙遠時代的動物使用現代人的語言、習慣和文化傳統過冰河上的生活，總不禁想起德國海德堡古橋邊的銅鏡小猴，海德堡附近曾挖掘出猿猴的骨骸，據考可能就是人類的祖先，而銅鏡小猴邊的碑文就寫著：「你為什麼看著我？你沒看過海德堡的猴子嗎？看看你的四周你就會發現，更多像我一樣的猴子。」

猴子是人，人是猴子？當動畫裡的史前動物像人一樣思考、講話，人與動物，比我們想像的還要親近。

習題

這次就讓我們繼續考察下去吧，請爸媽和孩子一起去找部電影、卡通、漫畫或者與歷史、地理、生物或戰略有關的電玩，建立一個檔案，開始你們的考察之旅。

在這些作品裡，有哪些是真的？哪些是虛構的？真相又是什麼呢？

14

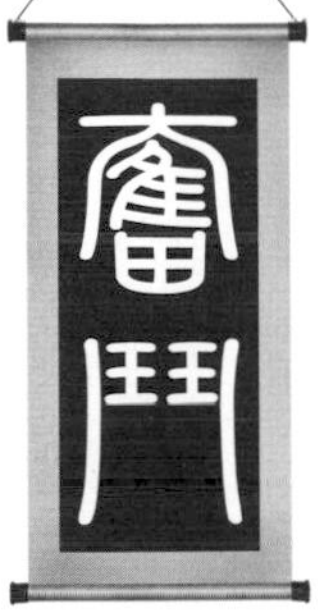

飛上去便是一個不同的世界

說文解字

除了第一個直覺到的意義外，「奮」這個字是怎麼想出來的呢？

我查了字典，「奮」指的是「衣在外為鳥張毛羽之象」，頂端那個「大」，其實是鳥張開了翅膀，以後，看到這個字，就讓我想起一隻鳥在田野張開羽毛振翅而飛，堅強無比的生命力。

飛其實是鳥的本能，但幼鳥學飛，總得經過這個「奮」的歷程，在天空白雲間遨遊，足夠讓地上所有族類驚奇。耳中彷彿縈繞起七十年代的老歌，安迪威廉斯唱的「老鷹之歌」，「飛走，我想飛走，像天鵝自由自在，一個被侷限在地面的人，向世界發出最悲傷的聲音。」

生活經驗

想起幼鳥學飛，很多人小時候都讀過李查·巴哈的《天地一沙鷗》，不然也有台灣作家劉克襄的《風鳥皮諾查》，都是用擬人化的筆法，寫出幼鳥成長為御風而行的大鳥，必須經過一番刻苦的鍛鍊。

讀過這些寫鳥的小說多年後，也許已逐漸淡忘其中的情節，但心裡面卻永永遠遠存著一隻海鷗的身影，提醒自己，每當遇到險阻和困難，覺得憑恃自己的力量怎麼有辦法完成挑戰，甚而讓恐懼侵蝕意志時，就鼓勵自己想像一隻鳥奮力飛起。如果連鳥都有著奮飛的本能，更何況是稱為萬物之靈的人。

我們真的是「萬物之靈」嗎？在物種多元、生態意識流行的年代，當人這樣講就得小聲點了。但如果將此「靈」看待成宗教的「屬靈」或「靈性」，人絕對有資格稱得上是「萬物的詮釋者」，鳥學會飛翔，振翅，如同運用輕巧而優美的氣體力學原理鼓動空氣，飛起，是多麼自然而然的事，卻是人透過感官和心智詮釋、讚嘆鳥兒們的生命力。當然，感官心智也帶給人們自身恐懼和焦慮，要我們還得在「本能」外重新學習「奮鬥」。

觀看群鳥飛起，想像乘風摶扶搖直上在更廣闊的天空，往上，就是不可思議的無限宇宙，亙古的黑暗。那片玄黑一再的引發我的遙想——確實的，是非常非常遙遠的想像，為什麼會有一個無窮無限的大黑，包圍住我們稱為家的地球？「無窮」究竟是什麼呢？每次想到「無窮」，總會覺得人很渺小，那些難關、阻礙、恐懼和情緒，更加只如滄粟微塵。

如果鳥能夠訴說，透過一隻鳥看到的世界，將超過人的想像。人們發明了飛機，卻無法複製出只憑自己力量就能飛行的經驗，所以也無法參透飛行和超越的意義。二十世紀的宗教家、作家諾曼·文森·皮爾終生是名虔誠的基督徒，他寫了本非常暢銷的《人生的光明面》，後來改名為《積極思想的驚人效果》，他就講了一個超越的小故事。有一次他去演講，搭飛機飛越七百哩的旅程，飛到密西西比州上空時，陽光普照的高空卻陰暗下來，駕駛員跟皮爾牧師說：「我們必須飛得高一點，越過熱氣、塵土和煙霧。」

皮爾這樣寫道：「果然，我們飛上去便完全是一個不同的世界，天朗氣清，一望無際。我們的思想也正應如此，要把我們自己各種自相衝突的、憂前慮後的念頭超越過去。我們需要越過恐懼與焦慮的雲霧，更上一層以便能想得更清楚，更合情理。」

在《天地一沙鷗》裡，海鷗岳納珊超越自己體能的極限，飛到了沒有其他海鷗到達的高度時，牠忘記了身體的疲倦和疼痛得快要斷掉了的翅膀，心中同樣只剩下讚嘆，稀薄的大氣層外，星辰閃爍在牠如黑豆般的眼眸。

或許，就讓我們這樣來理解「奮鬥」的意義吧。「奮鬥」時所展現的力道和勁頭，就像鳥兒的奮飛，那樣的自然而然，那樣的服從於本能的呼喚。但是鳥兒飛上天空，或許本能只是為了移動、遷徙、避冬和覓食，但同時牠們也看見了一個超越原來視野的天空。再上去，就是無窮的宇宙了。

「飛上去便完全是一個不同的世界」，好好的記住這句話吧，可能，那就是使力奮鬥後所得到的禮物。宇宙以天空贈給了鳥，而贈給奮鬥過的人們的，則是平和恬靜的休息。

習題

心情憂悶時，就看看動物星球頻道或DISCOVERY頻道，爸爸媽媽也應該少看點吵來吵去，卻沒什麼建設性的電視劇，陪孩子一起觀看這些大自然的節目。觀看時，不要只關注到動物的習性或知識，從動物的生性也可學習到品格的啟發。常看這類節目的人，必然也較善於處理各自的人生難題。

15

記憶

前事不忘，就是品格教育的基礎

說文解字

跟「記憶」意思相反的詞是「遺忘」，你也常用到嗎？例如，每當考試後，你總要來上這麼一句：「唉呀，我明明都會的，只是『遺忘』了怎麼答。」

日常生活裡，有沒有這樣的經驗，明明是幾天前的事，卻一點也想不起來。似乎那個事物長了腳，裝上翅膀，從你的記憶國度逃走。

你確定自己的記憶力還沒有那麼差，那麼十年前的事，你記得多少？十年前你才幾歲，如果是十五年前，喔，很多人舉起手來，說他還沒有出生。就假設是十五年前，你記得某個下午爸爸媽媽跟你說過的話嗎？

生活經驗

電影情節常見到，發生車禍或頭部受到撞擊，往往會讓病人失去記憶。電影《在世界轉角遇見愛》裡，亞力山大就是發生車禍，父母雙亡，他活了下來，卻不記得車禍以前的事。他的外公從保加利亞趕來，用老照片、當年一起玩過的雙陸棋、教孫子唱過的歌，想來喚回他的記憶。

這些電影、電視和小說情節還會說，只要失去記憶的人重新喚起記憶，記憶就會整個的回來，好像腦袋裡有個圖坦卡門墓，完整的封存著，只要打開封印就會全部記起來。

其實，記憶才沒有那麼簡單，根據治療腦傷病人的研究發現，「過去」的記憶會隨著「現在」發生的事件和誘導，不斷的變動，就算你突然想起多年前遺忘的一件事，每次你想起的片段也都不會是一樣的。忘記一件事情，就會變成心裡的一個困惑，當你記起來的時候，困惑也會跟著回來，繼續困擾著那個人，精神分析學者史坦因說，每個被遺忘的事物，其實是我們「還未成形的經驗」。

說起來，你可能會覺得不可思議。心理學家發現，小時候立下的願望，就算長大後忘記了，還是會藏在我們的潛意識裡，一直想要真的實現，也會變為我們長大後的一股原動力。電影裡，亞力山大七歲時隨爸爸媽媽逃出鐵幕，落腳義大利的收容所，等待第三國的政治庇護。然而小亞力山大不喜歡這個地方，一直想離開，有次爸媽帶他去玩，他忽然走失了，爸媽急著找到他，亞力山大脫口就說：「我要回家。」這個願望一直藏在心裡，一直到十五年後，雙親車禍身亡，他失去記憶後，又由外公來帶領他完成。

你看，人都失去了記憶，連外公都不認得，他卻還是有辦法找到路回家，那個小時候許的願望，力量多麼的強，可以跨越歲月遠遠走來，甚至還可以引導失去記憶的人回家。所以，你絕對不要小看你現在所許的願望，許下願望就像在潛意識裡啟動引擎，將來你不記得了，放棄了，覺得沒希望了，你的願望還是會去尋找自己的出路。

小時候，亞力山大和外公離別時，外公說：「如果你想跟外公說話，說給雲聽吧，雲就會來轉告我。」心理學家芬加特剛好有類似的說法：「喚醒從前的願望，就像看見雲中的一艘小白船。」雲朵就是我們的記憶，可能變成各種樣子，也可能消失，即使這樣，在下一個轉角，失去記憶的你可能就會遇見愛你的人。

習題

「小時候立下的願望，就算長大後忘記了，還是會藏在我們的潛意識裡，一直想要真的實現，也會變為我們長大後的一股原動力。」

剛剛爸爸媽媽和孩子應該都已讀到這段話了，好吧，請你們彼此分享自己的經驗。

我們常說：「前事不忘，後事之師。」記憶，往往就是發展品格教育的良好基礎。

16 表達

學習說出感恩的理由

說文解字

「表」這個字其實是一張圖，底下有點像「衣」的是張開的雙手，要去種上面的樹，這些樹，則是古代田間用來表示這邊是誰的田、那邊是誰的田的界樹，所以「表」一直就有「識別」的意涵。

放在「表達」這個詞的用法，也含有這層意思。當你將自己的想法、情緒、情感「表」出來，對方接收到你的訊息，也就能「識別」你的意思。

重點卻在「達」吧，你「表」出來的心意，能不能「達」到對方的心裡？

生活經驗

每年三月第三個星期六是愛奇兒日，台北市政府前有場盛大的遊行。愛奇兒就是「天使」（Angel）的意思，是一群上天送來的，可愛的特殊兒。

二〇一〇年那天，已算是青少年的李伯毅上台表演彈吉他唱聖歌，如果不知道他的背景，可能看不出他有重度自閉症，七歲前不會講話，直到十六歲才看完一部電影。但他從十一歲起展現繪畫才藝，聯合國下的組織稱讚他是天才畫家。

那天，我也在人群裡，聆聽李伯毅用台語唱聖歌，下台時，自個兒還說：「李伯毅好棒。」對，他當然好棒。我忽然想到，如果李伯毅再長大一些，結婚，生下小孩，他會不會對著孩子說：「李伯毅好棒」？

我們一向把自閉症者稱為「自閉兒」、「星兒」，但他們終究會長大的，有些自閉傾向的人也能結婚生子，稍後，我就在《最後一封情書》電影裡，看見一個有輕微自閉傾向的老爸爸，如何用他的獨特方式，向兒子表達長久的關愛。

電影沒有交代媽媽離開的原因，只知道他獨自照顧孩子長大。電影開始時，這個爸爸已經很老了，連兒子都不知道老爸有自閉傾向。老爸喜歡收集硬幣，收藏很豐富，有種有瑕疵的混鑄幣，由於非常稀有，價錢也更高。

其實，這個老爸收藏硬幣，卻是由兒子起頭的。兒子八歲時買冰淇淋找錢，拿到一個很奇怪的硬幣，拿回去給爸爸。爸爸帶他去找硬幣收藏商鑑定，才知道是價格不菲的傑佛遜混鑄幣。從此爸爸一頭投入鑽研，反倒兒子卻不那麼熱衷。我們可以解釋成，是有自閉傾向的老爸本來就容易沉迷在事物裡，有行為固著化現象，然而，卻也看成是不擅表達、木訥生硬，連注視他時眼神都會逃避掉的老爸，對兒子的肯定和看重，因為，那個硬幣是兒子帶回家的。

兒子後來不愛收藏硬幣，不知是否曾傷了老爸的心？或許，老爸同樣也不擅長表達傷心，多半時間，老爸只是默默坐在檯燈下，看他的硬幣。問他最喜愛的硬幣是哪一個時，他毫不遲疑地拿出多年前兒子帶回家的那枚。細細體會，那默默閃過的眼神和身影裡，藏著正常老爸也不見得有的，那麼巨大的愛。

混鑄幣由於有瑕疵，價錢特別高，這個老爸有點瑕疵的愛，其實更讓人們感動。兒子後來在老爸垂死的病榻前唸他寫的信：「我就是一枚有破洞的硬幣。」老爸伸過手摸他的頭，就是最後的姿勢。如果老爸能夠正常表達，他一定會說：「是，兒子，你才是我最鍾愛的硬幣。」

想起愛奇兒日那天，李伯毅表演時，媽媽始終在台上陪伴，儘管發音、音準不那麼正確，他媽媽也一定會說：「李伯毅，你是我最愛的歌手。」孩子，你好棒。老爸老媽，你也好棒。

習題

正向心理學有一道習題：平常，對父母或孩子，我們很少表達出情意或感恩，那麼，請你針對一個你想感謝的人，寫下一封信，說出你想感謝他的理由。把信留著，當做表達感恩的第一步。

若有機會，像是生日或特殊的日子，真的就在他的面前把這封信念出來。

17 聆聽

從耳朵旁的聲音直通心耳

說文解字

「聆」和「聽」這兩個字都有耳朵，所以意思不會搞錯，都跟用來接收聲音的耳朵有關。

「聆」這個字的重點在「令」，這是在屋簷下，上面有個人在講話，還有人跪著聽，所以「聆」本身所傳達的情境相當的莊嚴正式。這樣來看這個字，你以後就肯定不會寫錯了，先畫一個「屋頂」，中間有一個人，下面還有個跪著的人。用什麼來「聆」？就是旁邊的耳朵。

生活經驗

「聽」這個字，如果看過甲骨文造型就會發現，它其實就是一個大耳朵。

我寫過一本書叫《與海豚交談的男孩》，書中提到，我帶著兒子去海洋公園看海豚表演，我把海豚對著兒子的叫聲，寫成是兩個心靈間愉快的交談。對海豚叫聲裡的療癒力，我一直維繫著這個印象。許多不認識的讀者後來遇到我說，啊，他們也想去跟海豚交談。

但是，看過《血色海灣》，我不得不對自己當年的天真及人類的自以為是，表示我的懺悔。這部記錄片告訴我，被豢養圈禁在海洋公園的海豚，其實非常的不快樂。海豚是不亞於人類的靈敏生物，牠非常清楚知道自身的處境，只有回到海洋，回到同伴身旁，海豚才能恢復愉悅靈活的本性。

我想，當人們遇見海豚時，並沒有真的去「聆聽」牠們傳出的心聲。記錄片說，在海洋公園看海豚跳圈圈，整個身子躍進空中，發出愉快的叫聲，會讓人誤會海豚永遠都那麼快樂。其實，海豚最靈敏的感官就是聽覺，吵鬧的人群，甚至泳池空調過大的噪音，都會讓牠變得神經質。有些海洋公園養的海豚還因而死去。

我感覺好像又重回海洋公園的現場，聆聽海豚的叫聲，說不定是在向我求救：「我不要住在這裡，請把我放回海洋。」有波浪和珊瑚礁，有冰涼的觸覺和各種生命的藍色海洋。

觀看記錄片裡人類如此殘酷對待海豚，對比海豚的善良天真，我想起才拍了《一閃一閃亮晶晶》的林正盛導演說，他下一部片計劃開拍自閉症天才畫家陳煥新的故事。當年陳煥新被媒體讚為「洪通第二」，但後來爸爸去世，媽媽也老了，沒辦法再照顧他，陳煥新被送到花蓮的療養院，整個人就這樣枯萎般死去。孤單、寂寞、絕望，如同《血色海灣》裡，在日本海灣內沿著網卻游不出來的海豚。

人們聽不懂海豚叫聲裡的訊息，還牽強附會說海豚吃掉很多魚類，是海裡的「害蟲」，所以要捕殺。那也就像當初人們聽不懂得自閉症的陳煥新的話語，以為他沒辦法跟外界溝通就是失去了心靈，所以把他送進療養院，讓他孤單的死在那裡。《血色海灣》敘述當年拍《飛寶》電視劇紅極一時的瓶鼻海豚，後來也孤單地死在照顧者的懷中，那個境遇，和陳煥新竟是一式一樣的。

在一篇關於陳煥新的報導裡，那家療養院的護士回憶道：「陳煥新的眼睛很明亮，卻總是很冷淡，就好像……隔絕，他與世隔絕了。」當我看到電影裡，垂死的海豚與女潛水師相望的眼神，想起的就是這句話。

於是，許多年後，我才真正明白，為什麼科學研究發現海豚的叫聲對自閉兒具有療癒效果了。他們同樣是被誤解的一群，心靈明亮，卻總是箝禁在冷暗處，如海灣內的海豚游不出遭屠殺的命運，如自閉兒總是說不出心內的感覺。

習題

聆聽，是通往心靈相契，將心比心的時刻。親愛的爸爸媽媽，請鼓勵孩子們一起，真的用心耳去聆聽，哪怕只是一些微弱的聲音。

可以從大自然、海豚、寵物的聲音開始聆聽起，先學習辨別，但那是不夠的，接下來請一起練習，聽出那些聲音所要代表的意思。

別怕犯錯，只要靜心聆聽，你就一定會懂。

18

觀察

拋開「望遠鏡」的時刻

說文解字

「觀」這個字在甲骨文的樣子，是一隻頭頂有羽毛、雙眼突出的鳥，那兩撇眉毛（咦，鳥有眉毛嗎？）活脫脫讓我想起以前有部電影《霹靂五號》那個機器人。後來，《瓦力》的小機器人也是照此藍圖畫出來的。

我非常相信，發明「觀」這個字的古人，本人就非常喜歡看鳥，後來，他乾脆就把觀看到的鳥的模樣，設計成「觀」這個字。

「觀」看過鳥嗎？我想與你分享李潼一本「觀」鳥的作品。

生活經驗

照現代人壽命的標準看，李潼不算長壽，他只活了五十一歲，就因病去世。然而，一個人活著的價值不在於長短，而在於他留給世人的啟發厚度，從這點看，李潼一定還會活在我們心中。

你回去找一下爸爸媽媽的老唱片，在民歌時期，李潼寫詞的〈廟會〉、〈月琴〉可是紅遍一時的作品。他的《少年噶瑪蘭》、《順風耳的新香爐》，也是傑出的台灣少年小說，我還讀過李潼以故鄉宜蘭羅東為故事舞台所寫的《夏日鷺鷥林》，寫的是憂愁世界末日快到的少年俊甫，和小叔到羅東附近的安農溪河床觀察鷺鷥生態。

為了想觀察白鷺鷥，他們辛苦地運竹子搭觀察台，還得偽裝成一棵樹，躲避鷺鷥群的「糞蛋」攻擊，只是想能觀察到白鷺鷥最自然的模樣。少年俊甫也從觀察大自然的生態裡，找回生命的意義和感動。「觀察」原來是這麼不方便的事，但也因為如此，觀察所留下的記錄，便顯得異常珍貴了。

讀到這裡，我想起已誕生四十年，從小讀到大，從漫畫到電影的《哆拉A夢》，對不起，我還是喜歡照我少年時的閱讀習慣稱它「機器貓小叮噹」。從最近這部人魚族，以前還養過恐龍、老鷹，觀察過鳥類和老虎，大雄那群少年在小叮噹神奇道具的幫助下，卻總是很方便地完成觀察的任務。

所以，如果小叮噹來到安農溪河床的鷺鷥林，幫助俊甫和小叔，可用的配備可多了，像神奇望眼鏡、竹蜻蜓、隱形斗篷、馴鳥餅乾，甚至還有自動做得漂漂亮亮的觀察記錄簿，一下子就可完成他們費盡千辛萬苦也做不好的工作。然而，這麼方便以後，李潼大概就寫不出他記憶中如此珍貴的，像夏日河岸閃耀光芒的鷺鷥林。

李潼曾經提到過「觀察」所須用到的望遠鏡，他寫道：「對於讓人頭暈眼花的望遠鏡持有高度興趣，想來也不是少年人的專享。除了偏愛回顧的老人之外，其他各年代的人，也會因觀察和想像製作成他們的『望遠鏡』，無時無刻不配掛著，去看他們事業的發展、健康狀態、社會走向、婚姻營造、宗教信仰和人生歸屬等等或大或小的遠景。」

「人，肯定要有前瞻的眼光，問題是眼光的方向、眼光的距離和眼光看重的內容。」

我想起小叮噹那副神奇望遠鏡，能夠將遠在千里外的事物全部納進視線，擁有那種配備，多好。李潼就一直抱怨，如果沒調好望遠鏡的焦距，只會把人弄得暈頭轉向。

然而，現實人生可沒有那副神奇望遠鏡，拋開了望遠鏡，你得用自己的眼睛去觀察白鷺鷥的飛起和降落，在天空那種成群的白；你終須要有拋開望遠鏡，只憑肉眼去觀看世界的抱負和志氣。

漫畫和電影裡的人雄，若只想靠來自未來的科技，往往會將事情搞砸，只有靠自己的力量，才能把事情做對做好。這一點，肯定也是李潼會非常贊同的。

習題

養成觀察的眼光、角度和習慣，是品格教育和所有學問的基本功。

爸爸媽媽們，就讓我們學習古人，從「觀」看鳥兒開始吧。教孩子做好記錄，學習到哪裡去可以看到哪種鳥，在不要去打擾鳥兒生態的前提下來進行觀察吧。

19

母性

媽媽爲你佈置的花園

說文解字

人最早學會、最早認得、最能夠辨視的字，你覺得是哪個字？

不管你怎麼想，「母」這個字，絕對有資格列入候選名單。這個字，既寫意又有點象形，看甲骨文可能會更清楚，那兩點指的就是「人乳」，生下孩子或在我們記憶裡，媽媽授乳這件事，象徵性多麼的重要。

就連「母」的發音，很接近「牧」。會不會讓你聯想起牧場上小牛吃牛乳的模樣，所以就有人說，「母」的聲部就是從「牧」轉化而來的，講的仍是同樣的事。

如果要回到品格教育來看，「母」可能就是家庭裡最主要的品格教育教師。也有人認為，「母性」就是人類品格追求歷程裡一個非常崇高的境界。你認為呢？

靜心回想，有一齣自己當主角的戲，卻總是逃脫開我們的記憶。那就是每個人都有的「娘胎期」。靠著臍帶與媽媽的身體相連，我們度過了最早的九個月。長大後，媽媽指著肚子說：「你啊，在我這裡住過九個月。」然而，我們卻幾乎不可能記得，雖然，那時我們已擁有心跳和呼吸，有時會踢媽媽的肚子。

不記得，那也不怪你。心理學家榮格號稱記憶力超強，過目不忘，他最早能記得的，也不過是兩、三歲時，躺在樹蔭下的嬰兒車。必須靠日後媽媽的轉述，我們才知道那段娘胎歲月的細節。

那麼，從生命史的觀點來看，日本電影《余命：為愛而生》如果是真實的，我悠悠想著，這個孩子長大後，將不再有媽媽能告訴他，他在娘胎裡是什麼情況了。

《余命》的女醫師懷孕後復發乳癌，雖然醫生勸告她生小孩會有生命危險，她仍選擇當個堅強的媽媽。現實裡，其實真有這樣的故事，莎拉．布萊弗．赫迪是當代最傑出的靈長類學家，她就記載過一位四十一歲的媽媽，結過三次婚，有兩次流產，有一次死胎分娩。她再度懷孕後發現得了血癌，如果接受治療，是有機會活下來，但使用藥物會傷害到胎兒，所以她選擇生產後再接受治療，結果嬰兒存活，而媽媽卻在產後不久去世。赫迪說，把孩子的命看得比自己的健康還重要，這樣自我犧牲的媽媽，從靈長類到人類身上都可以找到。

我不知道懷孕的真正感受，但我相信當體內多了個小生命，要依賴自己的身體、營養和意志才有機會活下去時，這位女性會變得跟以前不一樣。有個心理學研究證實，在母鼠或人類母親身上，當上媽媽後她們變得更為勇敢，力氣和膽量都會增加。孩子，雖然你會說，你一點都不記得了，但在媽媽為你佈置的這座母體花園裡，曾經是胚胎的你，和媽媽一起激發了這樣的改變。

《余命：為愛而生》有個幕後花絮：演媽媽的松雪泰子自己生小孩時，激動地在狂笑裡度過，拍生產的情節時，她聯想起自己的經驗，百感交集，又哭又笑的演完那段戲。然而，再回到電影情節來，當媽媽的命和孩子的命在分娩那一刻完成交棒，卻來不及見到孩子長大，那種最深沉的遺憾和悲哀，應該無人能夠體會。

嬰兒出生後的前面幾天，是母子交心的關鍵。提出「依附理論」的心理學家包爾比就發現，嬰兒出生幾個小時內會想湊到媽媽鼻子旁嗅媽媽的味道；許多第一次當媽媽的女性，也彷彿感覺嬰兒還是自己身體的一部分，嬰兒要哭的幾秒鐘前，她們會有乳頭被針刺的感覺，接著會真的分泌母乳。是的，也許你已經不記得了，但你和媽媽就是這麼的「親」過。

電影裡，母親的逝去，留下的是一個空的位置，從此沒有人能再填補。我想引用西元前一千六百年一段古埃及驅走邪靈的念咒，當作媽媽和孩子的共同心願：「你是來親吻這孩子的嗎？我不許你吻他！你是來使他噤聲的嗎？我不許你傷害他！你是來帶走他的嗎？我不許你把它奪走！」

習題

喔，若要你回想娘胎裡的記憶和事情，是一件多麼不可思議的題目啊。這時候，你肯定需要爸爸媽媽和其他長輩的幫忙，把這段你生命最原初，其實也非常重要的時期的故事，整個的補起來。

重點就放在你的家庭吧，你住在媽媽肚子裡時，家裡有些什麼樣的故事？

20

共處

我們都是地球的孩子

說文解字

你相信有外星人嗎？很多人是相信的。

英國物理學大師霍金就是其中一位，他認為宇宙有一千億個銀河，每個銀河包含上億恆星，在這麼大的地方，地球不可能是唯一有生命的星球，要不然，真的是很巨大的資源浪費。

如果，這樣想像吧，把地球上那麼多種不同的生物、人種，以及我們還不知道的外星人和外星生命，都是「共處」在這個無限的大宇宙內。這樣想，對「共處」這個詞，是不是就多了更深一層的體會呢？

生活經驗

種種創世神話中，蓋婭是我們熟悉的，她被稱為大地之母，後來又由她創造出優利納斯神，他們生下獨眼巨人族，獨眼巨人再創造出電神和雷神，住在天上。近年生態意識抬頭，有人曾借用這則神話提出「蓋婭假說」，因此，我們通常會說，地球是母親，是女的。

希臘神話則又另有一說，宇宙天神宙斯是男的，從他的頭上生出智慧女神雅典娜。每當發生颱風、豪雨成災，土石流和洪水在大地肆虐時，我們就會形容，就有如憤怒的父親般的威力。如果，大地真是位慈愛母親，為什麼要讓她的孩子受這種苦？

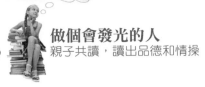

把大自然比喻成父親或母親，當然是人類的想像，中國文化原本就有「天人合一」的思想，而比較接近現代人的「大自然」觀念的，起源自希臘人。幾千年前，亞里士多德就提出，動植物生命和地球都受大自然法則調節，人類雖然聰明，發明了各種文明，卻並不是自然的產物。希臘人還曾把父親比喻成一棵巨大的樹幹，成長出來的整座森林，就是希臘社會。

由一棵樹長成一片森林，其實就是當年希臘人觀察到的自然法則。法國動畫電影《米芽米咕人》則說，有一棵巨大的地球樹，是根在空中，枝葉在地底倒栽過來的。這棵樹由一群泥土做成的米咕人看守著，如果樹枯死了，地球就會滅亡，但無知的商人卻為了想賺更多錢，要破壞這棵樹。我想這部動畫的導演賈克黑米吉黑賀，一定讀過希臘人寫的書。

動畫中，來森林找爸爸的小女孩米芽遇見米咕人，米咕人原本不知道什麼是「爸爸」，米芽解釋：「爸爸就是和媽媽一起賜給我生命的人。」有了米芽的譬喻，後來地球樹遭毀壞後，米咕人在地底找到種子，就若有所悟地說：「爸爸」。從這枚種子裡，又重新長出地球樹，冰凍湖面融化，嫩芽茁長，地球又得到另一次生機。賈克黑米吉黑賀也可能讀過古印度人的書，印度的《摩奴法典》就也如此寫道：「女人是土地，男人是種子。」

現在你得到了兩種說法：地球是母親，也是父親，類似心理學家榮格提出的「陰陽同體」，是一種最原始的型態，榮格把它稱為「原型」。心理學家說，最完美的人格應該同時具備兩性的特質，正如大自然也同時具有慈愛和破壞的力量，同樣的泥土能孕育出植物，卻也可能變成恐怖的土石流。

你也會想，大自然如果是所有生命的起源，一定會有一個媽媽，加上一個爸爸，才能一起賜給生命。而所有人類，就像《米芽米咕人》主題曲的歌詞：「我們都是地球的孩子，每個人都是米咕。」如果孩子調皮搗怪，不愛惜資源，爸媽可是會生氣的。與大自然共處，就請把自己想像成米咕人，都是孩子，都負有看護地球樹的責任。

習題

我讀研究所碩士班時，有個教世界經濟的老師出了一個題目，要我們把地球上所有國家的國名，按照地理位置填進去。

老師說：「我們生活在地球上，每天跟這麼多國家的人共處，但我們記得的國家說不定連一半都不到。」

想想真對啊，這個世界上會有那麼多衝突，常常就因為我們彼此都不認識，連國家都不知道，怎麼能夠付出關懷。

所以我要你試試看，請爸媽給你準備一張沒有國名的世界地圖，然後請你填進去，看看，你認識幾個國家？

給你一個月，這個月內努力記憶，一個月後，再答一次。這次，你記得幾個國家？

21

證明

你值得，因爲你有實力

說文解字

媽媽跟小傑說，如果他的學業有進步，就會買一台最新的遊戲機給他。孩子很興奮，直說他已經有進步了，媽媽耐心的聽他把話講完，問他：「你怎麼證明呢？」

如果你是小傑，你要怎麼證明自己已經有進步了呢？拿出昨天的考卷？請媽媽出個題目當場考他？無論如何，他都要證明給媽媽看。

數學裡面有一種「證明題」，以前讀國中時，我看到那種題目就頭痛，因為這不是能夠背答案的，而是要經過一步步的演算，讓老師知道你如何證明某個命題為真或偽，證明題，顯露的是我們對這個問題的瞭解。先要有「證」，在數學裡就是寫出你的邏輯和演算，然後才能「明」白你的實力。

人生裡面，許多時刻，也是需要你出來「證明」自己的。像《扶桑花女孩》這部日本電影的劇情。

生活經驗

村裡從東京請來草裙舞老師，紀美子好想學，媽媽說什麼都反對。

《扶桑花女孩》的故事時間是一九六〇年代日本東北的煤礦村常磐，由於經濟不景氣，煤礦逐年減產，裁員，許多人的爸爸都失業了。所以，煤礦公司才想到建一座夏威夷度假中心，讓村裡女孩來學草裙舞，貼補家用。

但是，一輩子活在煤礦周圍的村民，怎麼理解他們心眼中如此新奇的草裙舞，只覺得是拋頭露面，出賣肉體。媽媽千代就寧可紀美子走她的路，也去撿煤場辛勤工作，反對著新事物的入侵。

紀美子認為身體的舞動和追求極限，是她想要追逐的夢想，然而，媽媽卻頑固、堅決的反對著。這兩種聲音，就像站立在天秤的兩端，夢想的追逐如果也可以秤斤論兩，就要先戰勝反對的聲音，才能有實現的機會。扶桑花女孩和媽媽，就處在一場親情的戰爭裡。

怎麼辦呢？想起一位朋友的故事，他從小喜歡塗鴉，立志長大後要當畫家，但當醫生的爸爸卻要他學醫。後來，他還是去考醫學院當上醫生，沒有病人的時候，他會拿出畫筆，醫院的藝廊就懸掛著他的畫作。其實，這只能算是一種妥協，如果他後來真的當上畫家，閒暇時，遵照爸爸的意思行醫看病人，那可行不通。

扶桑花女孩顯然也不可能妥協，因為，她不可能一面到撿煤場工作，一面又想跳好草裙舞，她知道自己只能選擇一樣，最貼近自己想要的，靠著執著、勤奮、天賦和比常人更加倍的努力，才能證明給媽媽和反對的村民看，就算在煤礦邊長大，也能跳好草裙舞。

最後，媽媽偶然間撞見紀美子練習獨舞，臉上滿是汗水，卻煥散著滿足的神采，專注而且自信，那一刻間，媽媽悟到眼前的小女孩已經長大了，已經在唱片旋轉的音樂裡，尋找到一條連媽媽自己都不知道的路。

那一刻間，媽媽的態度從反對、消極轉向積極支持，世界正在快速轉變，小煤村或許終將消失，女兒想要追求的夢想，已不再是重覆媽媽這一代守著煤坑，隨時擔心意外災變的一生。

別責怪媽媽，那是她熟悉的生活軌跡，她以為只有這樣，女兒才能得到幸福，但幸福不來自守成，來自自己的執著與爭取。媽媽的憂慮和反對，只是心疼女兒的辛苦，然而，如果妳是那個想學草裙舞的小女孩，妳如何證明妳自己？

習題

你擁有哪些能力、技藝或本事，是爸爸媽媽或老師、同學都不知道的？但是，如果你想要讓他們知道你已經會了，懂了，該如何「證明」你的實力呢？

「證明」自己的實力，其實是將來成為一個有責任心、願意接受自己的重要一步。

爸爸媽媽也務請記得，如果孩子願意用實際的行動證明自己，就相當值得讚許了，請鼓勵他的行動。

22 相信

尋找銀色騎士

說文解字

原來要在這裡談的是「尋找」，但我突然覺得，要真心的出發去尋找前，你一定要先「相信」該物的存在。所以，且讓我們就以「相信」為題吧。

「信」的意思我們都明瞭，而「相」不妨就看成是一種「看」，所以「相」這個字裡才會有個「目」，好像用眼睛在細看木頭的紋理，要相中一塊好的木料呢。然後，「相」中了才能有「信」。

生活經驗

我沒有住過古堡，特別是中世紀歐洲的城堡。似乎，沒有嘗試過的事物，讓人特別嚮往，我常在旅行書、地理雜誌、電影或故事書裡，展開城堡的漫遊。

城堡總有相似的面貌，這是看電影得來的印象：高大的城牆圍繞護城河，外面的敵人別想攻進來，裡面的居民卻也難出去。還有高聳的尖塔，陽光下閃耀的旗幟。如果你爬得夠高，置身在某座塔樓頂端，放眼望出去，還會看見更多的半圓頂、三角錐、球型或鋸齒狀的塔樓，鐘聲準時響起，猜想長長頭髮的菲歐納公主住在哪座塔？

該稱你什麼王子？能知道公主妳的尊姓大名嗎？謝天謝地，中世紀還沒有發明惱人的鬧鐘，你可以縮在絲質睡袍和軟呢睡帽裡，睡得晚晚的。睜開眼睛，總先看見馬賽克鑲嵌畫中，關於騎士的英勇故事。你的門外有掛滿肖像畫的走廊和螺旋梯，石牆間盪漾著迴音。吃飯，我們才講到最有趣的部分，一定就像《捉龍特攻隊》柔伊住的城堡，有長長的桌子和燭台，各自吃著餐盤裡的食物。如果人不夠多，只剩下柔伊、叔父國王和侍衛長，就會顯得有些孤寂。

住在城堡時的柔伊真是個孤寂的孩子，只有絲毫不了解她的叔父國王，一心要將她送去修女院。所有騎士都派遣出征，踏向通往西方的路，挑戰惡魔般的滅世龍。但是，沒有一名騎士能勝利歸來，柔伊只能背誦故事書中的銀色騎士，她記得銀色騎士面對滅世龍時，說出的每個勇敢的字句。現實裡有沒有銀色騎士呢？

城堡的日子，似乎總離不開騎士的想像。十九世紀建造新天鵝堡的路易二世當王子時，常凝視一幅幅騎士傳說的壁畫，勾勒他的騎士夢幻。那時，路易小王子一定也和柔伊一樣，玩過扮天鵝騎士的遊戲，他也記得故事書的每段對白，真心相信騎士的傳說。二十四歲時，剛登基的路易二世就動手建造新天鵝堡，勇於實踐他的少年夢幻。

《捉龍特攻隊》則處處瀰漫超現實氛圍，彷彿超現實畫家達利的秘密花園，翠綠的花椰菜像小星球旋轉，所有的道路和土地全漂浮在空中。然而，所有顏色的可能，都得要等柔伊走出城堡，找到兩個捉龍獵人除掉滅世龍後，頹廢暗色崩塌的世界才會恢復明亮的氣息，長年不見陽光的城堡才轉成原本的顏色。

現實裡應該沒有銀色騎士，最後打敗滅世龍的連珠，當然一點也不像銀色騎士，柔伊卻相信連珠是她見過最勇敢的人。她努力讓連珠揮別童年全村被滅世龍毀掉的陰影，找回面對挑戰的勇氣，「長得像不像銀色騎士並不重要，重要的是要相信自己的力量。」

於是，在結伴相隨的旅程裡，柔伊找到了她的「銀色騎士」，我們則體會到「相信」的力量。

習題

該稱你什麼王子？能知道公主妳的尊姓大名嗎？

親愛的爸媽，就讓我們來做這個練習吧。請你們當一天的國王、王后和王子公主，當然，如果要有個女王也行，沒什麼不可以。

這一天內，請你們以這樣的身分自居，最重要的是，在那一天內，你們要「相信」自己就是國王王后王子和公主。「相信」說不定會帶來巨大的心靈力量，改變你們的命運。

23

及時

抓住這一天的幸福

說文解字

「及」這個字很好理解，在甲骨文、金文和小篆裡，都有「一隻手捉著一個在前面的人，表示追上去」的意思，追上什麼呢？當然就是後面它連上的那個東西。

這樣來看「及時」，是不是就很容易瞭解了呢？「及時」就是要追上時間，抓住這一天。

為什麼要追上這一天就是「及時」呢？你可以這樣想，每個人活在世上，都是以一天為單位在過著的，不管未來會怎樣變化，你永遠都活在一天這個單位裡。

生活經驗

曾經，看過這樣的問題：如果你只能選一本書、一張唱片，或是只能帶一張照片前往孤島，你會做什麼選擇？

這些年過去後，每當在書店翻書、瀏覽唱片架，或是翻閱相片簿，這個問題仍常常浮現。我拿著一本看過多遍的小說，心想：「就是這本書了。」其實仍是拿不定主意，因為實在是有太多喜愛的書、音樂和想一看再看的照片，實在有太多的選擇，拿起又放下，遲遲沒有確切的答案。

另一方面，心裡又慶幸，還好我沒有真的要做選擇，我可以擁有許多書本、唱片和照片，沒有一座孤島在等我。

似乎，我們已習慣了這麼豐富的生活，似乎書本能一本接一本讀下去，何必用「只能選一本書」來為難你呢？似乎，日子也是一個一個過下去，每天都像一場嶄新的冒險。

萬一，我說的是萬一，有人只擁有一天的記憶，第二天，就像書本裡的鉛字全部逃走，又得從空白開始，那該怎麼辦？

日本作家小川洋子的《博士熱愛的算式》曾經改編成電影。裡頭，數學老博士發生車禍，只擁有幾個小時的記憶。所以，他在快遺忘掉事情前，把今天做的事、認識的人都寫在衣服上，提醒自己，免得第二天又得重來。他的記憶沒有遺漏的，只剩下對數學的熱愛。

電影《幸福的魔法繪本》裡，七歲的PACO也有類似的遭遇。七歲生日那天，她的家人發生車禍，爸媽去世了，PACO的腦受到重傷，記憶一直停留在七歲生日這天，重複讀著媽媽送給她的繪本《青蛙王子大戰蜇蝦人》，只因為媽媽在扉頁寫著：「每天都要讀這本書喔。」

於是，這部電影又問了我們一個問題：如果只能選擇過同一天，你要過哪一天？

別以為過同一天的滋味會好受，生命的好玩就是，即使每天看起來都一樣，同樣是二十四小時，卻仍讓人充滿期待。十幾年前的美國電影《今天暫時停止》（Groundhog Day），講的是二月二日，美國賓州的小鎮都要舉辦看土撥鼠小菲爾有沒有從洞裡探頭的儀式，如果土撥鼠有探頭，那天就是春天的開始。結果，故事的主人翁就陷在這一天裡，在同樣的時刻，遇見同樣的人，發生同樣的事，讓他沮喪得想自殺。

同樣的，我們應該再次慶幸，不用真的做這樣的選擇。如果今天讓你難受，期待明天情況會好轉；如果今天就是你的生日，大家為你舉辦一場歡樂的派對，好的，以後這一天就會成為美好的回憶。日子與日子間就是要有對照，我們才能同時擁有回憶和期待。美國作家索爾貝婁寫過一本小說叫《抓住這一天》，其實就是我要你牢記在心的，無論幸福或難受，請珍惜這永不復返的一日。

習題

有一首詩，也有一首歌就叫做「Seize the Day」，爸爸媽媽們，請上網或到圖書館去找來，和孩子一起著手翻譯。

在那一天裡，你們一起做了這件有意義的事，你們是否有「抓住這一天」的感覺？

24

挑戰

找到你的撒哈拉

說文解字

外國人學中文時，如果還不太熟悉方塊字的文法變化，常會有辭不達意的時候。例如，看到「挑戰」，他分別學過「挑」和「戰」的意思，就會以為，指的是「挑起戰爭」，說不定立刻就聯想起某些所謂的「恐怖份子」。

但是，對我們來說，「挑戰」可並沒有那個意思，說不定，我們會覺得每天都在面對一波又一波新的「挑戰」，學一個新的語言，把最新的電腦弄懂，挑戰百米賽跑的紀錄。有了「挑戰」，人才會真正的學習到「進步」。

生活經驗

林義傑可稱得上是當代台灣人毅力與韌性的典範，讀過他的故事，我不知道你是否想過，將來想效法他的腳步，當個馬拉松健將，跑遍全世界，尤其是溫度極低的極地，或地面溫度高達攝氏六十度的撒哈拉沙漠，但我得事先告訴你，想當「林義傑」，一點也不輕鬆。

《決戰撒哈拉》這部記錄片，記錄了二〇〇六年林義傑和美國的查理、加拿大的雷三位極地馬拉松健將，在一百一十一天裡跑過撒哈拉沙漠，長達七千五百公里，絕大多數是酷熱到無法居住的沙漠地帶，他們日夜跑步，沒有一天休息。是的，你一定會說，一點也不輕鬆，但這就是冒險的況味。

真實的冒險，絕對不是電動玩具裡面的情境，以為隨時可以再來一遍。真實的冒險，往往只有一次機會，一開始時，你完全不知道，這次的機會會將你帶向哪裡，瀕臨死亡的危機、迷路、徹底的疲倦迷惑，還是完成挑戰的滿足感？如果你在那片茫茫無際的沙漠裡，每天都有幾十公里的路要跑，你的腳起了水泡，烈陽下嚴重脫水，想念千里外的家鄉而又得奮力邁開步伐，你就會知道，這就是一場真實的冒險。

用林義傑自己的話來說吧，冒險，其實就是「向自己的極限挑戰」，沒有嘗試和冒險，沒有人知道自己的體能能承受到什麼程度，完成什麼樣的挑戰，也許就在下一刻，你的身體就已到達極限；也許，也就是在下一刻，你覺得自己身體無法忍受的，卻已安然度過，然後是下一刻、下一刻，無數的挑戰接踵而來。就像《決戰撒哈拉》裡美國的查理忍受腳傷向終點衝刺，事後他回想：「身體已疼痛到叫我停止，但大腦卻叫我繼續跑下去，不要輕言放棄。」

林義傑說：「在每次艱難的挑戰中，我知道必須以生命當做賭注，因為我所跑過的這些地方，不僅充斥著各種自然環境危機，無論是蠍子、毒蛇、紅火蟻、北極熊、沙塵暴或病毒等，更隨時可能遇到各種軍事政變、暴動、地雷或人為的致命陷阱。」向著未知的未來挺進，這也是冒險的況味。

觀看《決戰撒哈拉》，帶給我們的深刻啟示則是：允許失敗、想要放棄都是正常的，歷史的使命、艱鉅的任務沒有一蹴可幾、一帆風順的；也不是全無瑕疵、全沒有想要放棄的心意才稱得上「完美的英雄」。林義傑跑到利比亞邊境時一度想放棄，女友妮可問他：「這樣沒有完成，會不會沒有精神？」女友說的「精神」，當然就是「勇士的精神」。後來，林義傑憑著「先挺過下一刻吧」的精神，終於完成挑戰，來到埃及的紅海邊。

先挺過下一刻吧，然後是下一刻、下一刻。如果覺得挑戰過於艱鉅漫長，覺得自己無論如何也不可能完成，讓林義傑的話響在你的耳旁，長達七千五百公里的橫越撒哈拉之舉，他們也是一刻接著一刻跑過來的。從塞內加爾到埃及紅海，把不可能變成了可能。

習題

親愛的爸媽，你覺得自己可稱得上「勇士」嗎？在你的生命經驗裡，有哪些時刻，曾讓你覺得自己是「勇敢」的呢？

對孩子來說，要擁有哪些作為，才可稱得上是「勇士」？請爸媽和孩子一起努力列出「勇士」的圖像，並且在下面列出來，距離成為一名「勇士」，你們還缺少了哪些特質。

25

冒險

走在「危險」和「勇敢」的鋼索上

說文解字

如果只是照一般字典的解說，「險」這個字是形聲字，耳朵旁是形符，旁邊的僉是聲符。那麼你會以為「險」是什麼意思，難道是「耳朵」出現狀況，發生「危險」了嗎？

後來我看了「險」的小篆字，發現那個耳朵其實是一隻旗幟，古代沒有電話或簡訊，當遠方有危險時，常常會揮旗要自己陣營的人多加防範。當童子軍或學習海事時，現在還是會教旗語，其實就是同樣的用意。

有人說，現在電子通訊這麼方便，為什麼還要學旗語？嘿，如果有一天沒有電，或是到了沒有電力的野外自然中，當你要向遠方傳達危險的訊息時，你就會知道旗語的用處。

生活經驗

有些事情是危險，而且毫無價值的。像是不顧警告標誌，跑去很深的池塘游泳；像是爬山時不帶口糧、指南針和應有的配備；或是騎單車故意不握住把手。

有些事情看起來危險，卻能夠獲得注目。像是優雅地從高空跳水，完成高難度動作，沒有濺起水花；像是徒手攀岩，挑戰體能極限，最後站上岩頂，俯瞰美景；或是騎單車表演特技，放開雙手，還可在坐墊玩倒立。完成動作，眾人讚嘆鼓掌，稱許他們一聲「冒險家」。

提到冒險，凌空走鋼索，大概是有懼高症的人想也不曾想過的。手裡握著平衡桿，走在幾十公尺，甚至更高的高空上，稍一失足連命也會沒有，再沒有比走鋼索更冒險的舉動了，卻是法國人菲利普佩帝一生的夢想。十七歲時，他在等著看牙時讀到紐約世貿雙子星塔興建的報導，即懷抱要上世貿雙塔走鋼索的夢想。在描述他傳奇人生的記錄片《偷天鋼索人》裡，菲利普佩帝說：「當你擁有夢想時，夢想會變成實際的東西，但我比較不一樣，十七歲時，當我想著雙子星時，我的夢想甚至還不存在。」因為，那時候雙星塔根本還沒有蓋好。

菲利普佩帝的一生，幾乎都環繞著這個走鋼索的夢想，從青少年起他就勤加練習，雙星塔建好後，多次和死黨好友去實地勘察探測，尋找機會。一九七四年，他們終於完成「壯舉」，菲利普佩帝被警察帶下來前，整整在鋼索上四十五分鐘，成為歷史上唯一從那個角度看過世界的人。

全世界的政府，都不可能批准這麼危險的舉動，當時，菲利普佩帝遭驅逐出境。然而，說來諷刺，當雙子星塔在九一一事件崩塌後，菲利普佩帝留下的影像，反而成為世人緬懷紀念的重要記憶。

回首年少輕狂，菲利普佩帝那次危險的冒險，也成為他曾勇敢挑戰超越自己的最佳見證。

我相信佩帝走鋼索的生命裡一定有某種東西是我們無法理解的。德國哲學家尼采在《查拉圖斯特拉如是說》裡寫道：「生命曾親口向我說出這個秘密，『注意，』它說，『我就是那個必須不斷超越自己的東西。』」對佩帝而言，那個秘密驅使他挑戰更高的天空，走更危險的鋼索。

更別忘記，在完成如此危險的挑戰前，佩帝花費多少心力和時間來練習走鋼索，他的技藝演練到如此純熟，到了後來，朋友們無人懷疑他能不能辦得到。因此，冒險的勇氣背後，總需要長久的練習來支撐。這份為夢想而堅持練習的歷程，才是我們觀看記錄片後最重要的體會。

當然，危險和冒險，常只有一線之隔。不管贊成或反對，世人都不會忘記菲利普佩帝。

習題

爸爸媽媽和孩子常對於什麼是「冒險」、什麼是「危險」，有不一樣的看法和名單。也許當爸媽年紀越長，當年他們年輕時當做是「冒險」的事，現在反而不允許孩子去從事了。「冒險」和「危險」間，有些規範和共識，卻是必須要有的。然而，太多的規範和限制，也可能抑制「冒險」。請爸媽和孩子各自列出心目中的「危險」和「冒險」清單。越詳細越好。再試著比較彼此的異同，尋找共識。

26

思看

這個世界需要圖像思考

說文解字

「思」和「看」好像不是兩個會被放在一起的字，其實卻代表兩種重要的思考方式。

英文裡說「懂了」會說「I see」，字義就是我看見了，而不會說「我聽見了」，這可能是英文世界的人的一種思考方式。

在中文世界裡，卻很常說「我聽懂了」，而較不會說「我看懂了」，這也是我們的思考方式。

所以，我們用中文的人，其實是不太擅長用「看」思考的。

生活經驗

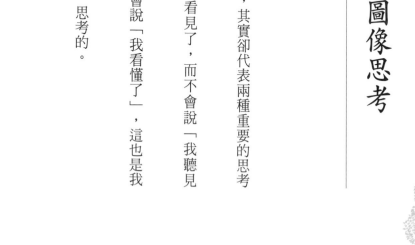

幾年前與林正盛導演吃過一次飯，當時他說，下一部電影要拉到中南美洲拍。幾年過去，他交出的成績單，卻是以四名自閉兒家庭為內容的記錄片《一閃一閃亮晶晶》，導演的視野，從「遠在天邊」拉到「近在眼前」。

記錄片裡四個算是高功能的自閉兒都學畫，林正盛也把他們的畫改為動畫，讓畫裡的星星真的閃爍，呈現出「星兒」們獨特的璀璨視覺。下一部作品，林正盛要拍死在精神療養院的自閉症天才畫家陳煥新的故事。

當年他的畫被稱為「洪通第二」，最後卻由於無人照顧他而被送進精神療養院，林正盛說：「他是自閉症，又沒有精神疾病，最後就像花朵般枯萎，死時才三十三歲。」當然，陳煥新的畫也會化成動畫，對比灰澀到令人不忍的現實處境，他留下最美麗的想像。

「圖像型思考」是自閉症非常重要，也常讓外界產生誤解的特色。小時患有自閉症，後來成為牲畜處理設備設計專家的天寶．葛蘭汀是舉世知名的自閉症代言人，她曾簡單明瞭地說：「我透過圖像來『看』」（I see in pictures），就像天生具備在腦裡畫透視圖的能力。」當她上大學，發現別人不是這樣思考，甚至覺得她是怪胎時，她才覺得意外。

其實，我們小時候都有圖像思考傾向，所以小孩比較容易與也是視覺思考型的動物產生共鳴，只是後來由於家庭和社會化學來的語言，掩蓋了圖像思考。當林正盛選擇使用動畫，無疑就像釋出每個人的孩童記憶。

從小，我們就被教導要用言語思考、要靠類型、抽象思考在考試拿高分，現在我們也這樣教小孩，卻一直忽視親手實作的內容，圖像思考的能力在家庭裡被壓抑，造成世界整體能力的不平衡。

天寶．葛蘭汀曾寫過：「如果真的發生過奇蹟，讓自閉症從世上消失，那麼，人們或許還在山洞口的火堆前忙著社交。」葛蘭汀說，發明人類第一支石矛的，一定是亞斯柏格症患者。

因為，那需要優秀的圖像思考能力。換成林正盛的話，他說的是：「請你們一定要繼續畫下去。」這個世界，仍然繼續需要靠圖像思考的人。

習題

如果家有喜歡畫畫的自閉兒，或是沒有自閉症狀，卻表現出獨特圖像思考傾向的孩子，請不要壓抑他們的才能。他們或許不會寫作文，搞不懂代數，長大後卻可能是圖像、攝影、視覺設計和工業設計的人才。

釋出圖像思考有兩個原則，第一，鼓勵他們的專注力，而不僅是作品本身。

第二，給他們的任務一定要明確，就像你自己也是在用圖像思考那樣，試著彼此用圖像溝通，而不僅是語言。爸爸媽媽們，你覺得自己是用「看」還是「聽」在做思考的呢？

27

空想

你是下一個偉大發明家嗎？

說文解字

「空」這個字的上面是個洞「穴」，「工」是聲符。沒有錯，沒有東西、黑黑一個窟窿的「穴」確實是「空」的，但是，「空」真的就是不好嗎？台灣話說一個人「空空」，指的是他不會思考，笨。但像「空」間、「空」氣，或我想要告訴你的「空想」，卻有著重要的意義。

生活經驗

小時候，我有一個機器人模型，會發光，還有聲音，放在書桌前陪伴著我。有一天我很好奇，機器人是什麼做成的，外殼裡藏著哪些零件，除了現在的樣子外，還能有哪些用途？我把機器人拆開，一件一件的看，卻再也裝不回去。

其實，說不定，如果我繼續好奇下去，我也有成為科學家的潛力喔。據說，許多科學家小時候，都拆過家裡的玩具。

每個機器裡面，都有著複雜的零件和元素，運用到不同的原理。不一樣的創意和想法，也會產生不一樣的用途和形狀。科學，就是組合、運用既有的元素和原理，激盪出新的火花。

如果生在日本，日本小孩的玩具肯定難逃拆解命運。日本原本就有「空想的科學」，圍繞在魔斯拉、科學超人、原子小金剛、福音戰士的空想傳統裡，日本小孩從小就充滿「科學式的幻想」。有人曾經認真研究過科幻電影、動畫出現過的科學原理，認為像光子槍、時光旅行、隱形機、機器變型、組型，其實都算「未來科學的預言」。所以，看起來像空想的，其實埋著科學的種子，或許將來會發明出來，變為事實。

《鋼鐵人》就位於空想和科學的界線。男主角史東尼遭十環幫脅迫，關在洞穴三個月製作耶利哥飛彈，他卻利用飛彈的零件、稀有金屬、電腦和簡單的工具，創造出鋼鐵衣的原型。我們在這段劇情裡，窺見「元件轉換」的科學精神。

把飛彈裡的金屬墊圈取出重新熔鑄，成為鋼鐵人的能量來源；運用汽車幫浦製成能救命的心臟儀器，這都是富有創意的高招。我想，如果是我被關在那裡，面對同樣的工具和零件，大概也是束手無策，想不出這麼好的辦法。

差別在於，史東尼同時具有空想和科學的本事，懂得物與物間相通的原理，而多數的人，包括我在內，卻不會把空想和科學聯在一起。我很同情電影裡那位被叫來複製鋼鐵人，卻只能攤攤手說「我又不是史東尼」的工程師。

我們，當然也不是史東尼，當然也想不出鋼鐵衣的超妙點子，話是這樣說，我相信只要開始空想，開始對物的原理和創造的可能性感到好奇，我們總會朝成為史東尼的目標邁進一步。

史東尼說，雖然鋼鐵衣是鈦合金，但他喜歡「鋼鐵人」這個古老的稱號，其實，科學就是古老元素的昇華與轉換。科學再如何飛天遁地，也總是起源自古老的空想。學習如何將古老元素轉換成巨大能量，還要像史東尼這樣，學習如何控制這股巨大的能量。

回家拆開你的機器人和玩具吧，研究、空想著各種的可能性吧。一個小小的史東尼，正在你的體內跨步成長。

習題

爸媽和孩子一起來空想吧，有哪些不相干的器具、機械放在一起，可以產生出意想不到的新用途。

做之前，先好好的享受你們的「空想」。不過，真的要拆開個什麼機械或玩具，先問一下爸媽的意見喔。

28

機會

我從沒有去過的某處

說文解字

勉勵人時，我們常會說要「把握機會」，「機會」是日常生活常用的詞，但這兩個字的意思是什麼呢？

通常會解釋成「一個偶然或碰巧發生的事情，可能有各種的結果，端看你做了什麼樣的選擇」。我喜歡的一個解釋卻是「時機的相會」，人就處在這個相會點，面臨做選擇的時候。

生活經驗

康明斯（E.E. Cummings）是二十世紀的美國詩人，活在十九世紀末到二十世紀六十年代間。他的詩不好讀，卻有兩首膾炙人口的詩，曾經為電影引用。第一首是出現在《偷穿高跟鞋》的〈你在我心裡〉（I Carry Your Heart With Me），通常被當做情詩，卻適用於所有你懷念的人。

這首詩有一段是：「我攜你心，永遠同在。（不論我身處何處，不論我做了什麼，親愛的，你我如影隨行）」你可以記下來，將來一定有機會用到。

第二首是〈為夢而潛〉（Dive for Dreams），出現在改編薛爾德小說的電影《生死情緣》（Charlie St. Cloud），故事地點在美國東部的昆西港，是個帆船輳集、風光明媚的港灣，每到日落，仍遵循古禮鳴砲，當地人聽到砲響，就知道是日落時分了。

查理聖克勞是小鎮的高中生，他和弟弟一起拿到帆船比賽冠軍，原本已獲史丹佛大學的獎學金，但他駕車車禍害弟弟死去，也改變了他的生命計畫。他留在小鎮的墓園工作，每當日落鳴砲時，便跑進樹林與弟弟的遊魂練一個小時的投球，那是他與弟弟生前的約定，從此，他就放棄了帆船的夢想。

五年後，有名準備參加單人帆船環球一周比賽的女孩在海上出事，遊魂前來向他求救，那一天，他首次與「弟弟」爽約，卻因而救回了一個人。

康明斯這首詩，是女孩在父親葬禮上唸過，後來她的遊魂又講給查理知道。女孩說，她爸爸很愛這首詩，談的是「taking chance」。通常我們會翻成「冒險」，其實解釋為「把握機會」也很傳神。

出現在電影的這段是：「如果海著火燃燒，相信你的心；靠愛而生，雖然星辰倒退。」（Trust your heart if the sea catch fire, and live by love though the stars walk backwards.）康明斯的意思是，如果海面著火，星辰在火光中如同倒退，請你也相信自己，勇敢地潛進海水。既是冒險，也是把握住機會。沉緬在弟弟去世往事的年輕查理，最後是不是也把握住他的機會呢？

這首詩的下兩句，則一直是我最喜歡的：「榮耀過去，但歡迎未來的到來。」（Honour the past but welcome the future.），加上第一首〈你在我心裡〉，讓我相信，雖有過不堪回首的往事，雖捨不得與弟弟生死兩隔，但「我」仍可將「你」放進我心中同行，同時「歡迎未來的到來」。

當兄弟倆還在一起，看著港灣日落砲鳴，各種顏色的帆船迎風出發時，查理跟弟弟說：「有一天，會輪到我們出發。」然後，一隔就是五年的光陰。日落砲鳴，是他急忙奔向樹林尋找弟弟遊魂的約定；日落砲鳴，卻也是眾人揮手送別，乘風破浪即將出發去看世界的時候。

對了，傅天余導演的電影《帶我去遠方》，英文片名也取自康明斯的詩「我從沒有去過的某處」（Somewhere I Have Never Travelled），對你來說有那種地方嗎？當機會來臨時，即使海面佈滿火燄，即使星光暗下，也請把握住。

下一次，遙想在遠方的日落砲鳴時，你會在哪裡？

習題

請爸媽和孩子一起去找一首心愛的英文詩，一起著手翻成中文，最好也去理解詩人寫作這首詩的心境和故事。

我推薦就去找康明斯的這首「Dive for Dreams」，整首詩原文都找來，先不要看中文，先體會一下共音律和意思。

29 呼喚

一代接著一代的傳衍

說文解字

「呼」是個常用字，而且大概不會搞錯意思。但甲骨文的「呼」造形很有趣，是底下一個T型，上面發出三條直線，有點像聖火台。旁邊那個「口」則是到了小篆時代才裝上去的。

原來那三條直線，就是聲音上揚的樣子，根本就是物理學裡講的音波。所以，研究字型字義還意外發現，造字的老祖宗，老早就有了聲音是音波的概念了。

「呼喚」則通常有一種用聲音去尋找某人，要那個人回來的意思。「呼喚」也是寫文章時，時常會用到的語句，無論是你在發聲尋找，還是有人在找你，還有一種是默默的呼喚，有如烏龜基因裡天生就知道的路線，我覺得，那就像是來自遠古的呼喚吧。

生活經驗

陽光璀璨如鑽石，動物園水池中，身形碩大的海龜爬上石塊曬太陽，周圍遊客如織，有少年張大口驚呼：「好大的海龜！」這時，如果你也來到，請向海龜打聲招呼，牠的名字是「赤蠵龜」。

觀看赤蠵龜在石塊上緩慢的身形，好像對牠來說，時間是不存在的。我想起《在海裡飛翔》，那隻母龜歷經二十一年的海洋飄遊，重回佛羅里達的出生地產卵時，英國女星米蘭達李察遜唸的那段旁白：「海龜放棄在海裡如飛翔般的輕盈，接受地心引力的笨重宿命，只為完成千百萬年來的使命：產下後代。」是的，也許你會想問水池裡的海龜，如果飄遊是基因傳遞的使命，牠能否感受遠方海洋的呼喚？

記錄一隻海龜的旅程，拍攝的難度可想而知，我也是看過記錄片才知道，海龜會在夜晚浮出海面觀看星辰方位，從佛羅里達橫越大西洋到冰島再返回來，牠竟然不會迷失方向。生物學家就說，海龜的返鄉是一種最神秘的生命現象，還特別命名為「阿里巴達現象」。阿里巴達，就是西班牙文的「到來」。現在哥斯大黎加就留下兩段小海灘，供海龜跟隨月亮的虧盈和潮汐返來產卵，這是人類對海龜的善意，也彰顯一種對自然規則的尊敬。

依據演化心理學的說法，自然為海龜的生命做這樣的設計，是要讓海龜留下擁有自己基因的下一代。一九六三年英籍生物學家威廉．漢彌爾頓就提出「血緣適存度」的概念，這個概念說，評估動物一生的「成就」，要計算牠在下一代裡留下多少與自己相同的基因。因此，基因藍圖會從海龜未出生就設計了這趟奇幻的旅程。

但是，平均一百顆海龜蛋，只有五顆會孵化，小海龜從海灘到海洋那段路，又會遭到鷗鳥和螃蟹的攻擊，死傷慘重，所以，母海龜必須每兩三年就回來產一次卵。牠產下愈多的卵，就愈可能會有後代歷經千驚萬險，茁長成和牠一樣的成龜。

從海龜到人類，演化心理學也用基因設計來解釋人類的許多行為，包括人為什麼要結婚、為什麼要生小孩、為什麼會愛自己的小孩，都可解釋成是一種基因藍圖。生物心理學家道金斯因此就寫過一本《自私的基因》，他的意思不是人都是自私的，而是說生物會努力複製基因傳留給下一代，就像你一定知道，你的體內各有爸爸和媽媽的一半基因。

現在，或許你也發現了，自己也是整個自然演化大系統的一份子，如同海龜的歸去，你也會有自己的「阿里巴達」。我很喜歡海龜爬上佛羅里達海岸，看著遠處大樓燈光的那一幕，那一刻，人與龜，共同分享生命的神秘。

習題

爸媽們，來做一個饒具知識性的習題吧，和孩子一起找出自然界裡，還有哪些屬於「呼喚」的實例。如果您有興趣，請閱讀《自私的基因》這本書，從這本書當做起點開始您和孩子的探索。

同時，請帶領孩子一起想，如果基因是自私的，人為什麼還會有博愛的行為？

30

朋友

回到秘密基地

說文解字

生活在社會裡，就要有朋友。有小時候就認識的死黨，有學校結識的同學，以後人生道路上一程一程相識的朋友。

我們寫「朋」習慣了，還以為這個字就是「兩個月亮」的意思，引申出朋友就該像月亮一般，抬頭在夜空就可找到。然而，錯了，看甲骨文就很清楚，古代還沒有發明錢幣前，是用貝殼來買賣東西的，五個貝殼是一串，兩串貝殼就稱為「朋」。所以，「朋」原本是計算貝殼數目的詞。

如果你照這個古義來做衍伸，「朋」友原本就有錢財在內的意義。我沒有說，以後不借錢給你的，就不算朋友喔。

「友」就很清楚了，小篆裡的「友」非常明顯的就是兩隻手，意喻兩隻手一起合作。

生活經驗

浦澤直樹的漫畫，在日本和台灣都擁有廣大的讀者群。他的《怪物》運用精神分析的潛意識、惡夢、精神分裂式認同和反人性的實驗，我不建議少年讀者閱讀。而由他漫畫改編的《二十世紀少年》，雖然看來是科學推理劇，劇情的起點，則從「過去的少年和現在的成年相遇」展開。

少年，對你，應該還是現在進行式。好吧，讓我這樣起頭：有沒有一個地方，就是你的秘密基地？像漫畫和電影中的賢知、丸夫、義常、青蛙仔和阿門，在一片草地上用草綁起來當屋頂，建造成秘密基地。他們畫自己的標誌，說知道這個標誌的才是真正的「朋友」；把家裡的收音機和漫畫都帶來，一起玩解救世界的遊戲，要打敗邪惡的青蛙帝國。

所謂「秘密基地」就是說，這個地方的存在本身就是個秘密，只有極少數的好朋友才能來，他們把這個地方藏在心裡面，藉此認定誰才是朋友，誰在我們的圈子內。然後，知道秘密基地的「朋友」愈來愈多，發展成一個小型的秘密組織。這是少年間常玩的遊戲，長大後，他們也許已不再記得秘密基地，然而，人與人間的結盟、圈圈，卻遵循著同樣的遊戲規則。

後來，草地要改建成保齡球館，少年們被趕出來，他們相約把自己珍惜的物件埋在樹下，要「留給以後一定變得很帥氣大人的我們，當成未來我們的傳言。」朋友畢業後四分五散，多年後機緣重聚，想起這件事，回到樹下把東西挖出來。少年時那麼珍惜，希望傳給長大後自己的東西，竟然只是些玩具蛇、玩具青蛙、雞汁泡麵、縐巴巴的海報和漫畫，當年廣大的草地早已讓陌生的樓房取代，於是，長大後的他們黯然問道：「我們變成了那個時候我們所希望變成的大人了嗎？」

少年，對你，應該還是現在進行式吧。然而，這個問題值得埋藏在你心中，一再的拿出來。或許，你現在是個國中生了，那麼，回想幾年前，你還在唸小學時，有沒有想像過自己穿上國中制服的模樣，「我變成那個時候我希望變成的國中生了嗎？」

其實，每個人生階段都會是未來式、過去式和現在式的交集，你可以這樣一直問下去，把這個問題當做心中的秘密基地，回到秘密基地，檢視自己幾年前埋起來的寶貝和夢想，是不是還在？你或許忘記了自己擁有的寶貝，或許已不再珍惜，但那也屬於你這個人的一部分。

你還不確定自己未來會變成什麼模樣，從事哪個行業，像電影裡小學階段的賢知，也不會知道自己會當上雜貨店老闆。所以，各種改變都是可能的。秘密基地將來會不見，朋友會分離，草會枯黃，玩具會變舊，然而，當年你的幻想也可能成真，《二十世紀少年》就一直在告訴我們這個法則。

習題

在漫畫或動畫裡，有許多以朋友為題材的好作品。爸媽還在當小朋友的時候，或許還看過《科學小飛俠》，裡頭眾人的友情，肯定就成為你日後交朋友的範本。

好吧，爸媽和孩子一起來尋找「好朋友」的範本吧。還有，帶領孩子一起閱讀孔子說的「益者三友，友直友諒友多聞」，督促孩子寫一篇心得報告。

31

時間的兩個箭頭

說文解字

甲骨文裡的「前」就像一幅畫，只見河岸間有艘船順流而去，在最前方有個「止」，不要以為那就是「停止」的「止」，以為怎麼才要「前進」卻又喊「止」，古文字裡那其實是隻「腳」，帶有踏腳向前的意思。

到了現代慣見的這個「前」字，上面那幾撇，就是那隻「腳」的變形，用腳來顯示前進的方向。而「月」表示的就是原來那艘船。

所以，一樣的乘舟向「前」的意思，但經過文字漫長的流變後，卻可能反而體會不出來了。

把「前」上安個「竹」部首，就是「箭」，很有意思吧，因為箭永遠都是往前射去的，如同人生的道理。

生活經驗

年紀大了，難免緬懷往事。我在公園裡，聽到有人聊天：「那年啊，如果我真的去做生意，現在早就發了，那些大富豪算什麼？」這時，應該回以一句：「好漢不提當年勇」。

仔細想，也不太對，他就是沒有「勇」過，現在才會怨嘆，想像自己如果去做生意，或者投球時再偏個兩公分，或是答選擇題填下自己突然想到的答案，就一定會是跟現在完全不一樣的光景。但是，誰會知道呢？沒有人會知道的。

物理學有個「熱力學的箭頭」，指的是隨著時間流動，熵（entropy）會跟著增加，這個熱力學第二定律無法扭轉，就是時間無法倒流的原因。從大爆炸理論來看，宇宙自從大爆炸後膨脹的速度就一直沒有停過，只會繼續膨脹下去，這就是「宇宙學的箭頭」。物理學和宇宙學家主張，時間只有一個箭頭，就是一直不斷的繼續往前，看起來也不會有盡頭。只有在電影、小說或幻想裡，時間才擁有兩個箭頭。

譬如，《回到十七歲》的麥克，在高中畢業關鍵球賽的最重要一刻，選擇放棄投球，而跟女朋友結婚，這也就像放棄大學、獎學金和生涯夢想。現在他三十七歲了，工作不順利，老婆要離婚，兒子女兒瞧不起他，他成天想著如果回到十七歲，再讓他有機會打那場球，這次，他會做出不一樣的選擇。

時間的第一個箭頭，讓他變回十七歲之身，與其他人的時空交錯，他像個有點面熟的陌生人，闖進老婆、好友、兒子、女兒的生活圈，才明瞭他們都擁有原來他毫無所悉的困擾。只有當他變成不是他自己的「別人」，他才能理解自己親人們的難題。

他教兒子大衛打籃球，這個構想實在有趣。如果沒有爸爸變成十七歲，為訓練他下這麼多功夫，大衛不可能會進入籃球隊。憑藉苦練，大衛從同學眼中的受氣包搖身變為籃球隊員。那套訓練策略說穿了，就在訓練你的「臨危不亂」，麥克丟球給大衛，大衛再丟向籃框時，麥克會拿個小叭噗對他叭一聲。實際球賽時，嗚笛、叭聲此起彼落，投球時會受聲音干擾分心，也就打不出漂亮成績。變成十七歲的麥克，有了這段成功訓練大衛的經驗，變回三十七歲後，接手退休教練留下的工作，成為高中的籃球教練。

然而，如果僅僅是這樣，感覺又少了什麼。時間的第二個箭頭來了，除了好友知道這件事外，其他人照常過他們的日子，時間在麥克身上發生重大改變，又好像什麼也沒有改變。我一直在想像，變回三十七歲後，麥克的人生觀會不會徹底改觀，不再怨天尤人，不再緬懷過去，真情踏實的過著現在——時間之神送給我們的唯一時段。以前真的比現在好嗎？誰會知道呢？時間的箭頭指向遠方。

習題

親愛的爸媽，物理學上「熵（entropy）」又翻譯成「能趨疲」，除了顯示能量的無法回頭外，也可用來形容生命中的許多現象。

請和孩子一起閱讀相關的科普書，把這個觀念的知識納為己有吧。將來，不管是做人做事，觀看世界的方法，或是正確的認知地球能源的問題，都會大有斬獲。

32 值得

你來自哪顆星？

說文解字

「值」是個所謂的形聲字，但由於是「人」加上「直」，這個結構就非常的有趣了。或許，可以想像成是做「人」要「直」才有「值」。另外還有種解釋是「直」接說這個「人」值多少，把話直接的說出來，就是一種價「值」。你喜歡哪種說法，可以幫助你以後不忘記這個字的寫法嗎？

生活經驗

有沒有過這種感覺，你可能來自別的星球？

也許是，你的外星父母有要緊事，臨時將你留在這個星球。你的記憶已有些模糊，卻深信不疑，有一天，飛碟會從雲端射來光線，你保存的聯絡器會嗶嗶作響，告訴你該回去了。你相信自己留在地球上，負有特別的任務，要協助母星人瞭解地球的種種。

再說，你一點也不喜歡地球，覺得地球的生物很醜怪，雖然外表長得很像地球人，也有鼻子眼睛嘴巴，你寧可要自己是來自別的星球。像是，最近的火星。

電影《我的火星小孩》就有一個相信自己來自火星的男孩丹尼斯，在科幻小說作家大衛領養他以前，他整日躲在紙箱內，說是怕地球的陽光過於強烈；丹尼斯一定要戴上配重帶，腳上綁砝碼，因為擔心地心引力不夠，他隨時會飄走。他說自己擁有「火星願望」，會講火星話，對不對反正聽的人也不知道；而他對天文學的豐富知識已超過同齡的小孩，一度讓大衛以為他說不定真的來自火星。

別人的眼裡，丹尼斯卻只是個怪胎，沒有朋友，會偷東西，有破壞傾向，孤僻，或許他很聰明，但學校只要看到一個小孩整天倒掛，說是要抗拒地心引力，怎麼會敢要他。大衛卻從丹尼斯身上，看到自己童年沉溺幻想、孤僻的影子，而更重要的，收養丹尼斯，與丹尼斯相處的經驗，竟成為他寫出下一本書的題材。

如果可以的話，要怎樣選擇呢？選擇當一個正常合群的小孩，說話得體，對師長有禮貌，聊棒球經，還是滿腦幻想，撐把破洋傘像個小安迪沃荷般的怪胎，卻可引發作家寫出賺人熱淚的作品？大衛說，不是只有正常的小孩才能得到愛，他也會愛上一個以為自己是外星人的小孩。丹尼斯應該是個思想、智力超越同齡的小孩，但無論他是不是外星人，他一樣可以用他的獨特方式得到愛。用棒球賽來做比喻吧，就算比賽已過了七十％，你仍然有可能獲得勝利。

在天文館裡發現火星沒有生物，對丹尼斯應該是種衝擊吧，所以他才會急著說：「我也許是從別個火星來的。」他最後的幻想就剩下收拾行李，上天文台圓頂等待外星人接他回家，喔，外星人是不會來的。有一天，丹尼斯解開配重帶，發現自己並沒有飄走，只有一個星球，而這個星球就是他的家。

習題

即使一個外界認為不正常、古里怪氣的孩子，也值得擁有愛，我很喜歡影片傳達出來的這個觀念。親愛的爸媽，您是否早就感覺到，愛是沒有條件，也不計代價的呢？

對爸媽，請以孩子為對象，完成「你值得……」的句子。

對孩子，請完成「我值得……」的句子。

33

寫信

寫封信給作者

說文解字

「信」真是很有意思的字，怎麼看都是「人的言」，有個人在信裡面講話，傳達信息，看到信，就好像看到一個人對著你講話。

真的，每封信裡都有一個人。

生活經驗

讀冒險幻想小說，跟隨主角投入驚險萬分的情節，心情就像坐雲霄飛車。知道結局後，掩上書，媽媽問：「這個人是真的嗎？」你該怎麼回答？

曾經有人說，當你懂得分辨小說和現實的分別後，你就長大了。長大，就是知道什麼是真的，什麼是假的。但是，這兩個「國家」間從沒有嚴格的邊防，有些東西像喜愛的玩具、卡通的人物、虛構的情節，會一輩子都住在幻想的國度，永遠也不會「移民」到現實這一國來，卻一直是我們的好朋友。

小時候，我迷過《機器貓小叮噹》，那時沒有卡通，只是到舊書店抱回來一疊漫畫書，曠日費時地看。直到現在，我還常幻想用小叮噹（喔，現在叫哆啦A夢）的神奇道具，來創造一段屬於自己的冒險情節。但是，那時候，我沒有想過要寫信給《小叮噹》的作者藤子不二雄。後來，再看手塚治虫的《三眼神童》，由於他常把自己畫進漫畫裡，戴個鴨舌帽，鼻子像顆蒜頭，總是一副著慌模樣。有一集，還畫出編輯來催稿，他躲在書房不敢出來。我開始注意到作品後面的作者，寫了一封信寄給他，那時沒有電腦伊媚兒，我貼上郵票，在信封寫上「某某出版社轉手塚治虫先生」，丟進郵筒，我從沒有收到過回信。

有沒有伊媚兒，真的差很多。電影《尼魔島》裡，妮妮就是用伊媚兒與《山岳狂怒》的作者羅愛莉通信，只不過她把小說裡上山下海、英勇聰明的英雄羅艾力和女作者羅愛莉混在一起，所以，當她和爸爸傑克困在島上時，頭一個想到的就是向書裡的英雄（作家）求助，這位女作家卻只是根本缺乏荒野求生經驗，足不出戶的城市鄉巴佬。這可該怎麼辦呢？

不過，我內心其實有點羨慕妮妮，竟然幸運到可以和作者通信，還勞動作家跑來救他們。現在很多書的封面內頁，乾脆就印上作者的伊媚兒，所以與作者聯繫，已不再是遙不可及的事，我們倒可想一個有趣的問題：如果要寫一封信給小說主角，你想請他們幫忙完成一個什麼樣的心願？以前我每次寫功課，就想著要請孫悟空來做化學題，咦，他那麼會變來變去的，應該很懂化學吧。

不知道是不是有《山岳狂怒》這本書，電影裡，女作家羅愛莉就是沒有把自己的照片印出來，才引起這麼大的誤會。想起我寫給手塚治虫的信，多年後，手塚治虫先生已經去世了，我到東京旅遊，坐在地鐵裡忽然想到，嘿，這就是手塚治虫住過的城市。內心感動著，就當做他遲來的回信。

習題

親愛的爸媽和青少年朋友，多久，你沒有寫過一封真正的信了，我說是真正的信喔。

這次，請你來練習寫信吧，從格式、稱呼、問候語都要非常正確的信。對象，就找一個接到你的信會很高興的人吧。寫完後，要不要貼郵票寄出去，就看你自己的心意了。

34

陪伴

做彼此的守護者

說文解字

「陪伴」這兩個字，一個是耳朵旁，一個是人部首，這正說明了陪伴的意思，就是要有個人帶著耳朵來，不僅和你在一起，也願意傾聽你的心聲，陪著你說說話。

是不是，當有人要你陪伴時，你卻不能這樣做到？

生活經驗

據傳北美的納斯卡皮印地安人相信一種「高靈」，也可稱為「內在伙伴」，或是「我的朋友」。他們還給它一個專有的名字叫「密斯達波」，指的是心靈內非常純潔、沒有受到汙染的內在。

印地安的獵人一生在叢林、荒原內狩獵，當內心感到孤獨時，就會召喚「密斯達波」前來作伴。如果，內心的伙伴站出來，變成真正的人，陪伴著你，慰藉你的孤獨呢？有沒有這種可能，當然有的，而且，真正的心靈伙伴說不定會來自意想不到的地方，甚至是想也想不到的人。像是孤獨的老人配上一個活潑的孩子，老人得到了陪伴，他的經驗有了傳承，而少年則從老人的智慧教誨中，學到了一生都受用的啟蒙。

文學作品裡，當然有這樣的組合，如《少年小樹之歌》的印地安外祖父和男孩，動人的是印地安人對大自然的禮敬和智慧。

台灣導演辛建宗拍的《阿輝的女兒》中也有一對，一個是失明的舅舅阿輝，意外地要和姪女小琪作伴，擔負起照顧的責任。他們從互不認識到接受對方，進入彼此的世界，最後生活在一起，不能沒有彼此。原本，孤獨生活的視障人，和被爸爸拋棄，覺得沒有人會愛她的小女孩，都是這世界所認定的孤寂心靈，但兩個人湊在一起後，卻如此的完美無憾。

演阿輝的這位視障同胞，真的有柔道、溜冰、游泳、彈鋼琴的本事，所以電影劇本就是根據他的現實能力來編寫的。我覺得如果真有這樣的人，他遇見小琪前，其實就真的很像印地安的獵人，擁有很多本事，卻還是孤獨的過活著。感覺上是他在照顧小女孩，但小女孩就是他內心的眼睛，彼此都在守護著。

我去看電影時，演完後導演來跟觀眾致詞，他說想拍的是兩個看來有缺憾的人，結合後卻是完美的。其實，電影作品裡，無論是捷克人拍的《遊子》，頑固的老男人和孫子，在過馬路看到牽手的指示燈亮起而真的牽起手，化解了老少兩代的隔閡，達到真正的心靈伙伴。

或是法國片《蝴蝶》中，陪伴老人去尋找罕見蝴蝶品種的小女孩，真的，完美的陪伴，有時就會來自那麼意想不到的人兒。

完美的伙伴，就是彼此的陪伴者和守護者吧，分開時會覺得孤獨、無助，但合在一起卻變得那麼堅強、勇敢和安全。

這樣想吧，在荒野中行走的印地安獵人，必得要發明出高靈來和他相伴。如果，現實生活裡，你已找得這樣的伙伴，請珍惜這難得的緣分。

習題

爸媽和孩子，就是彼此的陪伴者和守護者，我希望你們能從這個互相支撐的角度，看待這個難得的關係。

如果，我說的是如果，你們並沒有這種感覺，在這次的練習裡，請就「當我要成為（　　　　）的陪伴者和守護者，我還應該做到＿＿＿＿＿＿＿＿。」前面的括弧，請寫下你想寫的人。

35

科學

歡迎來到凡爾納迷俱樂部

說文解字

「科學」這兩個字，給你的感覺是什麼呢？請記住，科學並不等於科技產品，不是只有電子、雷射光、太空船才叫做「科學」。

科學其實是一種看事情的態度，有人說，科學就是描述、解釋和預測事物道理的一門學問，但是，當你過於輕率的說某種想法是不科學時，請再想想喔，科學史上，多的是幻想變事實的例子。

生活經驗

台北市的捷運加緊動工時，坐公車經過世貿中心，發現工地已挖成一個十幾公尺深的窟窿，掀開柏油路面、泥土和石塊，怪手就像個玩具在地底鑽動。我心裡想，原來我們每天踩的路面底層，就長這個模樣。

再挖下去呢？雖然我們沒有親眼見過，但《自然》課本說，會有更多的泥土、石塊、豐富的礦物、水源和油層，地球的核心則是高溫的岩漿，完全不適合人類居住。所以，《地心冒險》說的，海、恐龍、巨大的蕈菇和會發出青光的鳥，其實都不可能存在。

回想一八六四年，儒勒．凡爾納寫這本《地心冒險》時，西方科學啟蒙正在蓬勃發展，所以才有哲學家說，那是個理性主義勝利的時代，幻想和神話皆難敵科學的質疑。然而，凡爾納寫出《環遊世界八十天》、《從地球到月球》、《海底兩萬哩》這些幻想作品後，卻迅速的攫獲無數讀者的喜愛，突破凡事都要科學理性的包圍。

幻想顯然沒有隨著科學越來越發達，人類知識越來越豐富而完全消失，從一九六七年《地心冒險》第一次搬上銀幕開始，每一代都可找到幻想的信徒，把火種傳下去。最近改編的這一次，讓現代的地球科學家帶著現代的知識，和姪子一起再度從冰島進入地心，重走一趟凡爾納幻想的世界。電影裡說，有一群凡爾納迷，自始至終都相信凡爾納的情節是真實的，預言會實現，他們甚至在書裡的同一頁，寫下相同的符號。

哈，這個講法還真有趣，即使你知道某本小說的情節可能違背常識，或者很可能並不存在，你還會覺得有價值嗎？偏偏，就是有這樣的一群人。我知道就有一個「聖誕老人迷俱樂部」，固定出期刊，還煞有其事考據，要找到聖誕老人住的地方。

還有，為什麼科學家都說《西遊記》和孫悟空並不存在，但孫悟空的故事卻經常改編、翻新，每年都有那麼多的讀者加入，幻想跟隨孫悟空，一起來一趟筋斗雲的旅行。

也有人要為凡爾納的幻想小說添加科學的價值，說後來人類真的登上月球，環遊世界縮短到八十個小時也不是夢，最近還在深海底，尋找到《海底兩萬哩》描寫的那種超級大章魚，所以，地心說不定真的有一個海，反正，誰也沒有真的去過地底嘛。

好吧，我不敢排除有此可能性，然而我要說的是，純粹的幻想，就算違反常識，被科學推翻了，還是有它的價值。

一八八四年，當時的天主教教宗利奧十三世接見凡爾納時說：「我並不是不知道你的作品的科學價值，但我最珍愛的卻是它們的純潔、道德價值和精神價值。」

我不知道凡爾納那時如何回答利奧十三世的，我確定的是他十一歲時想偷偷乘印度商船出海，被送還給父母時，凡爾納說：「以後，我只會躺在床上幻想。」

一個躺在床上幻想的男孩，一百多年後，還引領著我們的幻想旅程，這趟航行，有夠久的了。

習題

爸媽們，小時候幻想過什麼事物，後來真的成為事實的嗎？小時候，你有讀過《地心冒險》這本書嗎？

這次練習裡，請讓孩子去拜訪當地的一位科學家，請這位科學家談談他小時的幻想。如果孩子自己無法聯絡到科學家，請適度幫孩子的忙。

當然，科學的範圍是很廣的，就看你自己的定義了。

36 作文

寫作就有如自畫像

說文解字

「作文」有兩個字，「作」是動詞，有製作、從無到有的創作意味，「文」是創作的結果成品。然而，我們通常只重視「文」，而忽略了「作」。

也因為這樣，許多爸媽和孩子，甚至老師都常忘記「文」其實是可以「作」出來的，就看你如何引導這個「作」的過程。「作」文原本應該是很有趣的。

生活經驗

近代歷史最黑暗的時期，當屬納粹屠殺猶太人。二次戰後統計，有六百萬猶太人死去，其中，也包括十五歲少女安妮．法蘭克。

現在的人還記得安妮的名字，是因為她留下一本《安妮．法蘭克的日記》。

一九四二年，安妮全家躲避納粹追捕，從德國法蘭克福搬到荷蘭的阿姆斯特丹，後來的兩年，安妮和四名猶太少年躲在密室，她給日記取名吉蒂，開始寫日記。直到一九四四年八月四日被抓走，第二年，她和姊姊罹患傷寒死於集中營，那時她才十五歲。這本日記，記錄下安妮從十三歲到十五歲，身體的種種變化和對成長的想像。

發生在安妮身上的遭遇，屬於時代的悲劇。然而，這本日記卻成為西方國家老師指定要中學生閱讀的書，十二歲的學生讀十三歲少女寫的作品，如此貼近自己的感覺。然後，他們也學習動手寫自己，展開自己的探索篇。

有兩部電影，出現老師帶領學生讀《安妮．法蘭克的日記》的情節。第一部是《自由寫手》（Freedom Writer），女老師讓一群原本注定混跡街頭，不知前途在哪裡的學生讀這本書，讓學生體會，如果徘徊在戰爭和死亡邊緣的少女安妮，仍能如此真情流露，如此充滿好奇，不放棄人生的希望，為什麼命運好許多倍的他們要那樣過下去呢？

另一部，是法國電影《圍牆之內》，場景轉到巴黎某中學的法文課上，老師同樣讓學生讀安妮的日記，然後要他們寫一篇「自畫像」。學生聽到要交作業，紛紛抱怨：「七十歲的人才有人生經驗，我們才十三歲，只有來學校上課、讀書、回家做功課的經驗，寫不出來啦。」聽起來，好像你也用過同樣的理由？

老師說：「『自畫像』不等於自傳，你們不要想得太難。記得你讀到的，安妮．法蘭克怎樣在寫自己，只要寫我喜歡什麼、不喜歡什麼、我的家人、我將來想做什麼就好了。」

下次上課，老師要學生大聲唸出自己的作品，有的寫很長，有的很短；有人清楚知道自己的志願，有人還不那麼知道。於是，老師要他們再修改，如果真的不知道怎麼寫，可以畫畫、照相，練習寫圖說。

有名法文並非母語的黑人學生拍了張媽媽抬起手的照片，老師引導他寫圖說：「我媽媽不喜歡照相。」還把照片貼起來，給同學欣賞。就這樣，這位同學也開始了自己的敘說。

老師的意思很清楚的告訴我們，「自畫像」是在願意、能夠表達出自己，而不是講求作文技巧。即使你沒有把握寫出文章，你還是可以有「自畫像」。

所以，不要把作文想得太難，也不要一開始就擔心，別人會怎樣看你的作品，挑你的毛病。安妮．法蘭克寫日記時就沒有想過這個問題，卻寫出歷史上十三歲少女最好的作品之一，你，當然也可以。

法國電影《圍牆之內》獲得奧斯卡外國影片入圍，在台灣上映時改名《我和我的小鬼們》。《自由寫手》有中譯本發行，電影則取名《街頭日記》，這兩部片名和原意差距太遠，我寧願你記得原來的意思。

習題

不管是安妮的日記、莎士比亞的劇作或其他的經典作品，從經典開始「作」文確實是條有效的路徑。

然而，也不僅限於這幾本書啦，爸媽和孩子可以從自家書架上的書開始進行探索，當然，我很歡迎你真的和孩子一起細讀安妮的日記，心靈的震撼和收穫，將永誌難忘。

37

命名

把名字找回來

說文解字

「命名」這個詞，其實應該倒過來看，先有了「名」，然後才有了「命」。除非後來你改名，不然，你生下來後爸媽給你取的名字，就將跟隨一輩子，成為別人對你最初的印象。所以說，取了名字這件事，好像有那麼點決定了「命」的氛圍。

幾乎這世界上所有的人、所有的事物都會有個名字，如果最早的人類沒有辦法命名，可能，就沒有後來的世界文明了。這句話，你認為呢？

生活經驗

玩一種遊戲，問個小女生：「妳來改名字，好不好？」當場，我們提供各種筆劃吉祥、美麗獨特的名字，連姓都說可給她選擇，小女生卻堅持不改。為什麼？女生說：「姓名取好就好了，不想改。」

很多人從長意識以來，就理所當然的擁有一個姓名，代表他自己，再連結到與父母的關係上來，我們就這樣理所當然的活著。然而，會不會有些人，就像電影《把愛找回來》（August Rush）的小男孩，沒有一個專屬於自己的真實姓名，只靠音樂天賦，就嘗試要與親生父母聯繫上？

小男孩後來取名為「八月熱潮」，也就是電影的英文片名，那是想靠他在街頭彈吉他賺錢的「巫師」，看見宣傳車經過，臨時起意為他取的，一個名字的取得，竟然如此的偶然與巧合，這種遭遇，跟我們與生俱來就有一個名字，是多麼的不同。然而，這樣的事情說不定也曾發生在我們身上，父母或某位長輩某瞬間的靈感或見聞，變成為我們一生相認的名字。長大後，我們每天都要寫自己的名字，感覺那就代表我這個人，像烙印在身體的標籤。

電影裡，小男孩後來認同了August Rush這個名字，因為他擔心，講出孤兒院使用的名字，會被送回去。然而，他的媽媽卻還是憑原來的名字一路追循著他。其實，也不能算是追循啦，只能說親子相遇憑的是對音樂的靈犀一點通，在心靈相通的時刻，知不知道父母的名字、長相並不重要，一樣能相認。

我自己也常玩這個遊戲，把各種字串組合起來，寫在紙上，連在姓氏後面，想像我如果叫這個名字的感覺。有些作家取了跟自己姓名意思完全不一樣的筆名，我想，他們也玩過同樣的遊戲。名字跟每個人的關係如此的深刻，就像具備不可思議的魔力，但想想看，如果規定不能講姓名，然後要你回答：「我是誰？」你應該如何訴說？

你應該聽過莎士比亞《羅密歐與茱麗葉》有句名言：「玫瑰取不同的名字，還是一樣的香。」看完電影，散場回家，我覺得這句話應該改一下：如果你夠芳香，人們就會為你奉上「玫瑰」的名字。

習題

請爸媽和少年讀者將自己的名字寫下來：＿＿＿＿

你喜歡這個名字嗎？為什麼？你知道自己名字的由來嗎？

＿＿＿＿

有沒有想過要改名字，要改成＿＿＿＿

也請寫下你要改名的理由。＿＿＿＿

Part II 做個會發光的人

1

稱謂，玩味關係裡的心意

學習重點 正確使用稱謂，了解親戚間的關係和意義。

過年時，穿上新衣服，到長輩家拜年領壓歲錢，當然很高興。但是，遇見大姨、二嬸婆、三叔公……每名親戚都有一個專屬的稱謂，常常不是叫錯，就是搞得一團亂。

來來來，這一點都不複雜，爸爸教了一個秘訣，就是用爸爸、媽媽當基本單位，好像升旗典禮的隊伍，爸媽舉手高喊：「我為準。」媽媽的親戚站在媽媽的右手邊，爸爸的親戚站在爸爸的左手邊，這樣，每個稱謂都可連上來。「大姨」就是「媽媽的大姊」，二嬸婆是「媽媽的媽媽的二姐」，懂了吧，爸爸講得眉飛色舞，我冷不防的問他：「那爸爸的爸爸表哥的堂弟要叫什麼？」爸爸搔著頭，露出苦笑，原來他也答不出來。爸爸說：「別擔心，如果真有這號人物，我們應該也不會去他家拜年的。」

重視親屬關係和家庭倫理的華人文化，從古就傳下複雜的親屬稱謂，有些到現在，大概也失傳了。讀歷史書時，我對皇帝、貴族、士大夫的九族關係一直非常好奇，卻常常讀得七葷八素。還有看滿清十三皇朝的連續劇，讀故事書，那麼多大阿哥、二阿哥……十四阿哥，還有格格、嬪妃，皇帝的大小老婆，簡直構成史上最大的人海戰術。大陸的連續劇常就是那幾個人在演，穿上差不多的戲服，化上妝，連口氣聲調都很像，戲裡面的關係，讓觀眾看得撲朔迷離，差點忘記這演的是乾隆還是雍正王朝呢！

在古代，學習親屬稱謂是成長歲月的大事，如果孩子把叔叔錯認成伯伯，那可是冒犯大不敬，說不定爸爸得帶你上親戚家陪不是，還得罰你三天不吃飯。古代人認為，別的學問先別說了，在大家族的宅院裡頭，孩子從小就得熟悉各種稱呼語，因為每天進進出出總是會遇到，叫錯了才真是尷尬呢！

不過，現在我們還真的常叫錯呢。前幾天，新聞報導還說，現代孩子生得少，所以許多小朋友連「嬸嬸」和「舅媽」都分不清楚，有人說「嬸嬸」是「舅舅的老婆」，「舅媽」是「舅舅的媽媽」，是這樣嗎？

上次舉行的國文程度檢定考試，很多中學生分不清「令尊」和「令堂」，哪個指的是爸爸和媽媽？所以，如果我們能夠記好這幾個常用的稱謂，還能夠正確使用，對國文程度一定非常有幫助。

「令尊」指的是「你爸爸」的尊稱，「家嚴」是自己的爸爸；「令堂」是「你媽媽」的尊稱，「家慈」是自己的媽媽。「嚴」和「慈」應該不難了解，我們常認為爸爸給人的印象是比較「嚴格」的，媽媽則給人「慈」愛的感覺。當然實際上可能並不是這個樣子，我就看過很多媽媽比爸爸還「凶」的一家人，不過我想你一定不會搞錯。

我不知道這些稱謂什麼時候能派上用場，現代少年叫爸爸媽媽常常一句「喂，給錢」就很夠用了，但總是會遇到正式的場合，或是你要寫一篇正式的作文或應用文時，記得用上這兩句，一定能讓作文老師刮目相看，覺得你真是個「有禮貌的孩子」。

「令尊」和「令堂」顯然會比較容易搞錯。有個七年級的男生接到電話，對方問：「令堂在嗎？」他放下話筒高喊：「有人要找吃糖的？姊，你要不要接？」有個小朋友聯想力還真豐富，從「堂」就聯想到「澡堂」，再想起爸爸常帶他上烏來泡溫泉的澡堂，所以他一直以為「令堂」就是爸爸的意思，實在夠可愛。不過，「堂」確實是一個場所的意思，古代婦女房間都在北邊的廂房，如果你去參觀過林家花園的內房，要找女生的房間記得要往北邊去，北面廂房總會布置得比較典雅漂亮，後來引申為將母親稱為「北堂」，又再稱為「令堂」。古代還沒有母親節和康乃馨，孩子思念母親時，會在北邊的廂房插上金萱草，一提到「令堂」，你有沒有聞到一股濃洌的萱草香味？

如果你是男生，還沒有結婚，但不妨記一下，「泰山」是「妻子的爸爸」，「泰水」指的是「妻子的媽媽」。「泰山」這個稱謂有個有趣的典故，西元七二六年時，唐玄宗李隆基到泰山封禪，宰相張說擔任封禪使，順便把女婿鄭鎰帶去，那時候皇帝封禪很是神聖隆重，參加的官員都可以升一級官。

鄭鎰本來只是九品官，相當於現在的鄉鎮長，但去過泰山後一下子升為五品官，變成中央部會的官員了。有一次，皇帝在宴會上看見鄭鎰穿上五品官的淺緋色官服，覺得很奇怪，問他，鄭鎰也不好回答，急得滿面通紅，旁邊有位宮廷藝人黃旛綽代他回答：「此泰山之力也！」聰明的皇帝一聽就懂了，也沒有點破，後來流傳下來，「泰山」就變成「岳父」的通稱。我不知道「泰水」的由來典故，大概是岳父當上「泰山」，就要有個「泰水」來相襯吧。不過，千萬別誤會，此泰山絕對不是卡通裡面的人猿泰山。

說到親屬稱謂，嘿，你知道「前倨後恭」這句成語的典故嗎？戰國時代，出了一位有名的六國宰相蘇秦，但他年輕沒有出息的時候，背著書囊回家，妻子繼續織布不迎接他，嫂子也不煮飯，他的父母也不理他。等到蘇秦貴為宰相，路過故鄉洛陽，這回親戚全換了一番臉色，父母粉刷房舍，打掃道路，奏樂設宴，遠出城郭三十里迎接他。他的嫂子跪拜在地上，連連叩頭，蘇秦問：「嫂子啊，為什麼前倨後恭呢？」嫂子回答：「因為小叔現在官位顯赫，不一樣了。」這番話，讓蘇秦感嘆萬分，也為我們留下了一句成語。

但願你也能夠記住，學習稱謂，重要的不僅能夠體會古人對家族關係的重視，玩味稱謂背後的意思，也應該謹存著對人的尊重和敬意。把我們的關係緊緊牽連在一起的，是每個稱謂裡的心意。

學習單

請你去尋找，並確定自己能正確使用、辨別下列的稱謂：

喬梓（　）我學會了。	昆仲（　）我學會了。
令堂（　）我學會了。	令尊（　）我學會了。
手足（　）我學會了。	嬸嬸（　）我學會了。
舅媽（　）我學會了。	泰山（　）我學會了。
泰水（　）我學會了。	伉儷（　）我學會了。

2

讀古詩詞學寫作文

學習重點 文章引用古詩要先融會貫通，了解詩詞的意境，才能達到畫龍點睛的效果。

媽媽給唸小六和小三的姊弟買《大家讀唐詩》的有聲書，配合動聽的旋律，才兩天光景，姊弟倆人已學會了好幾首。每天放學回家，他們就會來上一段唐詩操，一面運動，一面念唐詩。

「來來來，舉起手來，擺動肩膀，大家一起動一動。『打起黃鶯兒』，動右手；『莫教枝上啼』，動左手；『啼時驚妾夢』，換手做，繼續動，不要停，『不得到遼西』……」小三的弟弟舞得正起勁，忽然停下來，冒出一句，問：「『遼西』是什麼？」媽媽想了一下，說：「是唐朝邊疆的地名。」小弟弟顯然還沒聽懂，又問：「那媽媽，唐朝邊疆是什麼……」

食古不化的往事

你讀過唐代詩人杜牧寫的〈秦淮夜泊〉這首詩嗎？在讀書的過程中，老師不是常說，要我們多背古詩詞，寫作文的時候可以派上用場。這句話不是沒有道理。但是，如果你只會背詩詞，或以為寫作文時隨便寫上幾句，就會加分的話，那就錯了。我就曾做過這類糗事。

記得，那是在我國中一年級的時候，有一次，老師出的作文題目是「唱歌」。回家後，我趕緊找出《唐詩三百首》，從頭翻到尾，終於找到一個有「唱」字的句子。於是，我這樣寫，「我就像那『商女不知亡國恨，隔江猶唱後庭花。』」寫完之後，心裡非常得意。

我的國文老師是在抗日戰爭中打過日本人的退伍老兵，擔任我的國文老師時，年紀約五六十歲。作文簿發回來，他沒有打分數，只在那兩句唐詩上畫上紅線，批註，「你真的懂這兩句詩的意思嗎？」

其實，引用這兩句唐詩時，我根本不懂詩中的含意；懂了，就不會這樣用了。

我仔細閱讀唐代詩人杜牧這首詩的註釋，才知道，這首詩的意思是，諷刺酒家女不懂得亡國恨，還唱著陳後主的亡國歌曲〈玉樹後庭花〉。我的臉泛起一片潮紅，有些不好意思，但不知怎的，之後就牢牢的記住〈秦淮夜泊〉這首詩，直到現在，還能朗朗上口，「煙籠寒水月籠沙，夜泊秦淮近酒家；商女不知亡國恨，隔江猶唱後庭花。」

我們的世界，離杜牧先生眼裡看見的秦淮河畔，已經非常遙遠了。現在的秦淮河畔，只見大樓林立，科技繁華，再也感受不到「煙籠寒水」的淒美。當我們讀古詩詞，努力揣摩詩詞裡的情懷與古人的感受，落差問題就呈現出來了。不僅是遼西、秦淮這些古代的地名找不到，有時候，因為時代變遷，生活經驗的差異，也不容易與古詩詞連上線。

就說小學生都朗朗上口的唐代詩人李紳的〈憫農詩〉，「鋤禾日當午，汗滴禾下土，誰知盤中飧，粒粒皆辛苦。」小朋友望著桌上的白飯猛吞口水，他要求媽媽讓他多吃一碗。媽媽看著他過胖的身材，搖搖頭說：「不行不行，你不能再吃了。」「可是，」小朋友說：「媽不是常說，不把飯吃光，那些『米粒』會很『辛苦』嗎？」小朋友就字面解讀古詩詞，令人啼笑皆非，相信大家聽了都會覺得「很辛苦」吧！

所以，如果想藉由讀古詩詞，提升作文能力，中間必定要經過某種「轉化」，且要用在恰當的地方。老師改作文時，如果看見同學將詩詞引用錯誤，說不定還會扣分呢！這就是「畫虎不成反類犬」的負面效果吧！

錯把翁仲當仲翁

來說個故事吧！秦朝，有個身長一丈二尺的神勇大將軍阮翁仲，被秦始皇派去守臨洮。他去世後，秦始皇鑄造了翁仲十二金人，放在咸陽的司馬門外。後來的人，就把塚墓前的石像全稱為「翁仲」。

明朝時候的詩人孫文篪就寫過一首〈過古墓〉，「野水空山拜墓堂，松風濕翠灑衣裳；行人欲問前朝事，翁仲無言對夕陽。」到了清朝的康熙皇帝，有一天皇帝出遊，有名翰林學士竟然把「翁仲」說成「仲翁」。

皇帝回宮後寫了一首打油詩，「翁仲如何讀仲翁，想必當年少夫功。從今不得為林翰，貶爾江南做判通。」

嘿，這真是首極妙的打油詩，幽默的康熙皇帝把「功夫」說成是「夫功」，

「翰林」變「林翰」，「通判」成了「判通」。翰林學士接到皇帝的詩，只好乖乖的摸著鼻子到江南上任去了。到了現在，同學還是常在作文裡犯下「錯把翁仲當仲翁」的毛病，雖然沒有皇帝貶你的官，卻是作文時的大忌諱呵！

藉古詩練習寫作

讀古詩詞，可以開拓我們的作文詞庫與對典故的認識，讀的時候，也可以把短短幾十個字的詩詞，當作一篇精簡的小文章，從中理解古代詩人如何用幾個字，就做到文中的「起承轉合」，同時有柳暗花明的驚奇感，像金昌緒的〈春怨〉，「打起黃鶯兒，莫教枝上啼；啼時驚妾夢，不得到遼西。」就是一篇精采的極短篇。光看前兩句，讓人以為作者是嫌黃鶯太吵，所以要把鳥趕走。再往下看，畫面一轉，原來鳥會把作者吵醒，無法再做「與在邊疆打仗的丈夫相會」的夢。簡短的文字把夫妻感情和對戰亂的控訴，都藉著趕鳥這件事描寫出來。

請你試著寫一篇同樣架構的作文吧！當然，你也可以用極短篇的方式，意會這些流傳千年的詩詞後，表達自己的想法；另外，也可試著把每首詩詞的最後一句遮起來，只讀前面三句，體會作者想要表達的意境，然後試著用自己的意思改寫最後一句。把讀唐詩當作鍛鍊頭腦的體操，也是練習寫作的絕佳方式。這樣一來，你也能和李白一起去長安城的月色裡夜遊，和王維去爬終南山，數飄落的桂花，聽春澗時鳴的山鳥了。

學習單

「讀古詩，寫作文」的最高境界，當然是把古詩詞納進文章裡，達到畫龍點睛的效果。底下這一段，截錄自一個中學生的滿分作文，「伴著你，陶淵明的朵朵菊花點綴了朦朧的南山；龔自珍的片片落紅幻化成軟軟的春泥，晏殊的獨自徘徊落寞了曲徑通幽，溫庭筠的脈脈斜暉籠罩了悠悠的碧水。」何不將文裡提到的幾首詩詞，找出來細讀一番，思考一下，作文得滿分的這個中學生，為什麼得到審稿老師的青睞？想通的同學，相信以後就不怕寫作文了。

3 穿越電視任意門

讀過一本繪本，書中小男孩喜歡看電視，每天都膩在螢光幕前。有一天，他聽見電視中有聲音在跟他說話，後來，又真的跑出來一張臉孔，說他是電視王國的使者，邀他走進電視王國。繪本的奇幻故事由此展開。

有沒有讀過《巧克力工廠》，裡面也有個小朋友遭縮小以後，進入電視裡面逃命，他流落在恐怖片、新聞、綜藝節目，也讓怪獸追過。有位小男生讀繪本時，心裡覺得很怕，說他還是留在螢光幕玻璃外面，感覺安全得多。

少來，看了這麼久的電視，年紀輕輕，就可以大言不慚地冊封為「電視資深觀眾」，才不相信會有人或什麼的從電視跑出來，邀我們走進電視王國。其實，說不定這麼樣夢想過，如果能夠進入哆啦A夢的動漫世界，結識來自未來的機械貓，你最想要的是什麼，竹蜻蜓，任意門，還是想一探他的口袋裡究竟藏著多少寶貝？

有位小朋友說，讀過那本繪本後，電視讓他怕怕的，但愈怕他愈喜歡看，每天都耗費許多時間杵在電視前面，最後，媽媽衝進客廳：「嘿，別看電視，去做功課。」這才不情不願的放下手裡的遙控器，一面往房間走，一面回頭看電視，想把那部卡通的結局看完。這時，多麼希望擁有哆啦A夢的時光機，看完電視隨時把時間調回來，不就可以了嗎？

如果，將每天看電視的時間記錄下來，連續記一個禮拜，了解看電視所佔的時間比重，你將會發現，上學的時間應該是第一名，然後是睡覺、吃飯，當然啦，要是你邊吃飯邊看電視，那時間就不知道怎麼算了。純粹計算看電視的時間，可能和做功課不相上下，而大人們通常認為看電視是浪費時間的，所以，很多爸媽掛在嘴邊的口頭禪常是：「你做功課，有看電視那麼認真，就謝天謝地了。」你只好偷偷的看，或是在爸媽規定的時間內看，把看電視當成一種秘密。

其實，要是真有電視王國的使者跑出來，邀你走進電視王國，你應該把它當作學習的冒險旅程，那些瞬息萬變的電視節目，其中可真的大有學問。懂得怎樣看電視，把電視當做學習的媒介，將是一種課堂外的玩味兒，也能增強你的學習值。

很多小朋友很厲害，知道《湯姆貓和傑利鼠》幾點在哪個頻道播出，幾點幾分要轉到哪個頻道看《柯南》，《中華一番》的重播時間也都瞭若指掌，他的遙控器比主人還忙碌，想像也隨著頻道和卡通劇情切割、剪接；但是，如果老師問：「你有什麼興趣，將來長大想做什麼？」他卻答不出來，也不好意思拿電視節目來回答老師。

那麼，試試做一份電視日誌，幾點幾分，你看了哪些節目，全都記下來，可以的話，針對每個節目寫幾句感想，拜託，你看了三十分鐘的卡通，不會連十五個字的感想都沒有吧。

試著想一下，這些節目為什麼會吸引你，是因為它是科幻、文藝、美食、體育、動作、冒險，還是因為看這個節目能讓你更瞭解周邊的人和這個世界？扣掉老師和爸媽說好看的節目，你真的喜歡看、也常看的電視節目，說不定能說出你的興趣。

長大後，你或許能朝這種興趣找到最適合自己的工作。所以，絕對不要以為看電視只是在打發、浪費時間。看電視時，你的興趣、喜好和性向也會展露無遺，就像你手中的遙控器一樣，手指一按，隨時轉到屬於你自己的頻道。學習看電視，也能學習瞭解自己。

喜歡看的是卡通或連續劇集，試試這個「自己來當編劇」的遊戲。卡通和電視劇，也是人編出來的，你不要以為情節和結局就一成不變，童話裡的巫婆就非得死不可，也不是每隻癩蛤蟆都是王子變的，嘗試把幾個主要角色抽出來，依據你自己的想像，重新編一個故事。

每天，看完這一集劇情，先不要急著上網、翻報紙，想看明天會怎麼演，在播片尾字幕、廣告，明天的預告還沒有出來前，自己先默想，如果你是編劇，明天的故事要怎樣演下去？

爸媽、老師們常會說，看電視會讓人變笨，因為大腦和思考會自動關閉，只剩下眼睛和耳朵留在螢光幕前，還用這個來當作不准看電視的理由。為了證明你並不是大人們所說的那個樣子，請勤加練習，保持「問問題」的習慣。

我分享自己看電視劇時一個問問題的方式，稱為「找破綻」遊戲。想一下，劇情的編排、角色的談話間有沒有不合常理的地方，例如，男主角剛好缺少一樣東西，偏巧不巧，這個東西就剛好出現，你想，這種好事會常出現嗎？會不會是編劇太懶惰，不知道怎樣編下去？在讀故事、說故事的課堂裡，我也會鼓勵小朋友找故事裡的破綻，提出來討論，在家裡看電視，你也可以這樣跟爸媽一起討論。說不定，拿著手帕在電視前一把眼淚一把鼻涕的媽媽會說：「嘿，我從來都沒有想過呢。」

當然，我更希望的是，看完電視，關掉電源，回到現實世界，如果你還知道多一點，願意自己找書、找資料來讀，買張相關的音樂專輯，或者，利用寫日記、周記或作文課時，寫下自己對某電視節目的想法。

有位醫學系教授把電視說成是客廳裡的大象，我們每天盯著這頭大象，畫面實在有趣。輕輕一按，影像與聲音緩緩浮現，其實更像是座沒有盡頭的大倉庫，裡面的東西應有盡有，就看你要的是什麼囉。

但是，不如邀請電視王國的使者來人間遊玩吧，羅爾德達爾的《巧克力工廠》裡，頂尖聰明的廠長威利．旺卡應小男孩之邀踏出工廠，在大雪紛飛的夜晚來到他家共進晚餐，在那一刻，幻想與現實如餐桌上的熱奶油，緩緩的融在一塊兒。

學習單

日本的時尚雜誌常給藝人、偶像畫關係圖，就是把誰跟誰的關係用虛線聯起來，構成一張蛛網般的關係網絡圖。你也可以做做看，當作認識關係網絡的遊戲活動。

我想你會有自己喜歡的幾個藝人，請你蒐集他們的資訊，把他們生命裡重要的關係人，如父母、兒女、男女朋友、伴侶、配偶、事業夥伴、幫助過他的人，以及他幫助過的人等等，全都畫在關係網絡圖裡。經過這樣的練習，你最後會弄清楚，一個偶像的成功不僅靠他自己的魅力，也要靠他與他人與這個世界的聯結。

4

尋找一輩子的座右銘

國中一年級時的國文老師發下一份作業，要我們讀書、讀雜誌、看報紙，遇到佳言美句，都記在簿子裡。唉呀，我們都非常反對再多加作業，國文老師卻語重心長地說：「試試看吧，說不定你會找到受用一輩子的句子。」

那時，我很迷章回小說，有次沉迷到連晚餐也沒吃，媽媽氣得把《儒林外史》丟進隔壁的狗屋，我冒著生命危險把書撿回來，從狗啃過的那幾頁繼續讀。眼看交作業的日子逼近，我抄了書最開頭，吳敬梓寫的一段詞「人生南北多歧路，將相神仙，也要凡人做。」當時只覺得，吳敬梓把一些奇怪的字湊在一起，表現出豁達的意境，使我非常的著迷。

交了作業，課堂上，國文老師特別叫到我的名字，同學的臉全轉向我這一邊，老師說：「呂政達在讀《儒林外史》，還摘錄了很好的句子，希望大家向他看齊。」我內心不禁湧起一股得意。其實，會看《儒林外史》實在是誤打誤撞，我只不過偶而發現家裡有這本書，抄這一段時，我才讀完王冕畫荷花的故事，而且，那段詞到底在說什麼，我一直沒有搞清楚。

然而，就像小蘇打塊丟進水裡，發出陣陣嗆濃的氣泡，我開始努力讀《儒林外史》，也找了吳敬梓的生平資料來唸，比較知道他的故事。吳敬梓曾靠賣書和朋友的接濟過活，在冬夜無火禦寒時，往往邀朋友繞城堞數十里而歸，他說是「暖足」，照現代的眼光看，他只稱得上是愛喝兩杯的「夜貓子」。吳敬梓的窮酸與傲氣，正和諷刺科舉制度的《儒林外史》非常相配呢。過了國中階段，直到現在，我已很久沒有再讀《儒林外史》了，但一想起這本書和吳敬梓，想起我讀過的，那個已經非常遙遠的清朝，仍然覺得親切。

沒有想到，國文老師發的作業，竟成為我探索群書的起點。後來，再讀《三國演義》，我也將羅貫中引用王慎寫的《臨江仙》抄進作業，開頭就是滄桑的兩句：「滾滾長江東逝水，浪花淘盡英雄。是非成敗轉頭空，青山依舊在，幾度夕陽紅。」就因為讀過、喜歡過、抄下來過，現在只要一閉起眼睛，彷彿就能目睹江水淘淘湧來的情景，從桃園三結義展開一個英雄輩出、群俠爭鋒的三國朝代，也成為我這些年來的「笑談資料」。寫文章時，我就像擁有魔法師的法杖，也像諸葛亮交付給趙子龍的錦囊，隨時可以引幾名三國人物來為自己加油吶喊，拓寬文章的歷史視野。

人們常以自己為例說啊，在國小、國中階段讀過的文章、小說，會一輩子都覺得親切，也會記得清清楚楚的。如果你在這個階段記下一段人生道理或一個句子，真的會成為受用一輩子的座右銘。

最好的座右銘並不是用漂亮的字體寫下來，放在書桌筆架旁邊的那種，而是從閱讀和體知而牢牢記住，對你造成深深影響的這種。

我就覺得，「是非成敗轉頭空」真的就成為我一輩子都相信的座右銘，也影響到後來我對老莊思想的興趣。我也相信，正在這個關鍵階段的你啊，絕對不要忽視你現在正在讀的東西，因為，說不定其中有讓你感受特別深刻的句子，也將會成為你的座右銘。

可惜，現代少年已較少把時間花在讀書上頭，有位國中一年級的少年跟我談起《三國演義》，我嚇了一跳：「怎麼，你講的情節我都沒有讀過？」還在懷疑是不是有一本祕密版的《三國演義》？後來搞清楚了，這位少年並沒有讀過《三國演義》，他認識的那些名字全來自電玩遊戲。

老師還是會跟你說，格言、座右銘是很重要的，現在也找得到《一百句格言》、《青少年座右銘全集》這類書，但只在寫作文作業時，你才會拿出來抄兩句，希望給老師一個好印象。寫完作文，你也把座右銘這回事全還給書本了。我怎麼會知道呢？因為，我也常常做這種事，常為了寫文章，非常速食的抄兩句別人說的話。然而，那種感覺，就像到動物園看見的只是動物的標本，一點也不受用。你想觀察動物最真實的那一面，應該將動物放回生態，尋找座右銘，應該也要像這樣。

怎樣才算把閱讀放回生態裡呢？很簡單，那就是把自己當成一個讀者，找一本你想看的小說，零食點心（噢，不要太甜太油的那種，聽說吃脂肪會影響閱讀），窩個舒服的角落，開始讀故事。

你要不要也試著來讀《儒林外史》，裡面有許多精采的故事，你可以看到古人是怎樣在準備應付考試的，再回頭看書包裡滿滿的作業本，你一定會覺得自己並不寂寞。

要找座右銘，也沒問題，《儒林外史》就有，胡屠戶的女婿范進讀了一輩子的書，上考場前內心感到非常緊張，他心裡想：「自古無場外的舉人，不進去考它一考，怎能甘心？」這句話，就常拿來做勵志的座右銘。

然而，如果你想要找一句終生受用的座右銘，你就需坦誠的回答：這句話能感動你嗎？拋開大家都認為應該很重要的座右銘，像什麼「三人行，必有我師」、「玉不琢，不成器」、「今日事，今日畢」、「有志者事竟成」，你要尋找的是能讓你感動、深深認同的一句話。

人的心意常常在變，真的要找到一個始終如一的座右銘，其實並不容易，有些時候，你還會推翻自己以前相信的道理呢。然而，我感謝國中一年級的國文老師，他讓我發現，我受用一輩子的座右銘，其實就是，每當我打開一本書，準備鑽進作者為我準備的情節時，我就會想：「試試看吧，說不定我會找到受用一輩子的句子。」

試試看吧，找座右銘這個任務，正式交棒給你。

學習單

我們說的「座右銘」，指的是應用在人生情境中的格言、諺語、俗話或書本裡的句子，放在你的書桌上，提醒你，隨時都能看見，通常都具有勵志的涵意。

並不是所有座右銘都是勵志的，它也可能顯現一種生命的態度或宗教意念，例如，你應該看過，有人把佛經的「色即是空」或「觀想」當成座右銘，要那個人抱持心境的平和寧靜，不要把得失心看得太重。我的座右銘就屬於這一種，真正的座右銘，和生命經驗、性格和性向都有點關係，就像你的大頭貼，清楚的代表你這個人。

請你真的找找看，有哪些句子曾感動你，你希望抄下來，每天都能讀到的？與你的老師分享自己的想法，問老師，他有沒有終生受用的座右銘？

5

城市追蹤師

假設，在居家附近的貓跳過圍牆跑進你家，偷吃桌上的魚，還打翻了牛奶。沾著牛奶的足印，沿著地板越過圍牆。尋著腳印，你能找得到這隻貓嗎？

這是哪家貓做的好事？如果在案發當時看見貓，你當然能輕易的辨認出是哪家的貓，但是，單憑足印找貓，就有些棘手了。貓的足印看起來都很像，況且，當貓躍過圍牆就是街道，失去足跡，根本不知道牠會往哪個方向跑？

仔細觀察，每隻貓的足印還是有細微的差別，因為牠們走路的習慣不一樣，吃東西的習性也不一樣，沿路掉落的小毛球也會留下線索，讓人知道牠是何種毛色的貓。其實，一般人比較注意生活周遭的狗。像在公園裡，有人牽著狗寶貝溜達，狗兒有時會湊到陌生人的身邊嗅嗅聞聞，或對著柱子或樹幹灑尿，沿途留下記號，表明勢力範圍，這是狗祖先遺留給牠們的天生本能。然而，你有辦法憑著牠們留下的痕跡，辨認出居家附近的狗兒嗎？

有一天，我在公園認識了一個年約五十來歲的人，這個人自稱跑遍了整個地球的船長。他告訴我：「每隻狗的毛色、吠聲和個性都不一樣，像有些狗生性緊張，一見到別的狗即吠個不停；有的狗穩重，會察言觀色，不隨便亂叫。所以，想知道居家附近的狗況，花點時間，記下牠們的毛色、吠聲和個性，製作成『狗口檔案』。之後再遇見牠們，就算閉著眼睛，聽牠們的吠聲，也能辨認出是哪隻狗？」

我出了一道難題問他：「如果只靠狗兒留下的尿液氣味，可以找到那隻狗嗎？」

船長看著我，說：「沒問題，可以辦到。像北美洲的印地安人，早期臺灣部落獵人，在山林裡，只要聞尿的氣味就可以知道是哪種動物。印地安人把這項本領稱為『追蹤術』。」聽了船長的說明，我大表佩服，可是也有點疑惑，印地安人從孩提起就住在荒野，日日夜夜與大自然裡的動植物生活在一起，懂得野外求生的技巧，都市裡的小孩也學得到這種本事嗎？船長說：「我出海前，也常問自己，海洋的知識領域這麼廣闊，海上生活這麼艱困，我做得了嗎？過了一段時間的某一天，我在甲板上看著繁星滿空，才發現在不知不覺中，已認識了所有星星的位置，對於風向、水流和魚群的知識也都學會了。退休前，我可以帶領船隊追蹤魚群，完全不靠雷達。所以，無論是荒野、城市或海上的追蹤術，需要的都是耐心和觀察。」

城市當然不是荒野，不會有那麼豐富的動植物，但要認識我們居所附近的動植物，道理與船長所說的「追蹤術」相通，只要耐心觀察，仔細記錄動物留下的蛛絲馬跡，就可當一名稱職的城市追蹤師。

我搖身一變，展開「城市追蹤」行動。首先，我選一隻在街上溜達的狗，跟隨牠繞過樹叢，轉過街角，還氣喘如牛的越過一個山坡，只為想知道這隻狗兒怎麼消磨時光。當鴿子停在我家陽臺，發出低沉的咕咕聲，我趕緊穿好衣服，展開追蹤鴿子的行蹤。

對不起，行動失敗，因為鴿子會飛，當牠拍動翅膀飛向空中，我就只有在地面乾瞪眼的份兒。後來，我看法國人拍的《鵬程萬里》，他們坐氣球、搭小飛機，拍了一部候鳥遷徙的記錄片，這不就跟我想做的事一樣嗎？

我一直羨慕那些能夠在荒野生存的人，對大自然瞭若指掌，就稱他們為「追蹤師」吧！自從一九七八年美國的湯姆布朗，在紐澤西一處農場創設「追蹤師學校」（Tracker School）後，這個名詞就隨著阿帕契人的智慧而廣為流傳。湯姆布朗從八歲就隨著印地安祖父潛近狼學習，嫻熟自然知識和追蹤術。十八歲時，他去懷俄明州某大學應徵田野調查助理，教授本來還不相信，一個十八歲的男孩會比研究生更懂得怎樣尋找獵，於是湯姆布朗帶著教授到校園裡，向教授說出他當下的觀察，他描述：「這裡有隻松鼠。一小時前有隻松鼠就坐在這裡，後來，它朝橡樹跑去，因為有個女孩向牠走來。女孩的背包使她走路的身體向前傾，連同背包，她的重量約一百零三磅。

我們剛剛走出來的那扇門邊，住了一窩金花鼠。牠們在草地上撿食，在雨水排水口喝水。」

教授非常驚訝湯姆的本事，問道：「你怎麼知道的呢？」

湯姆回答：「一切都寫在地面上，你要做的只是閱讀而已。」

一個稱職的追蹤師，其實也就是一個好的說故事者，而故事是由一群動物的穿梭痕跡寫成，就發生在幾個小時前的地面上，追蹤師只是把發生的事情描述一遍而已。

根據湯姆布朗的教誨，首先要認識動物，熟知牠們的習性、吃的食物、在哪裡生活，並學會辨別足跡、體型、毛色和足跡在季節中的變化。沒有這些知識，我們不可能真的喜歡自然，接近荒野。

真的從事追蹤和觀察時，必須掌握各個足印、痕跡的時間順序，故事輪廓就會清晰浮現出來。

一隻兔子的足印若被狗的足跡重疊、覆蓋，而兔子的足印間距又比平常短，草地上留下踐踏的模樣，兔子最喜歡的蒲公英卻留存著，你可以說出一個「兔子正要覓食，看見野狗竄過來，急忙逃向草地深處」的故事。兔子能夠倖免於難嗎？繼續往草地深處追蹤下去，一定能發現更多的跡象。

做個城市追蹤師，你會發現公園、草地等，都變得生趣盎然。不過，最好把牛奶藏好，免得那頭野貓又闖進屋來，即使你有本事追蹤到牠，牛奶已到了牠的肚子裡，又奈牠何呢？

學習單

追蹤師的學習是漫長和耐心的歷程，湯姆布朗回憶他小時候，常在田野邊緣一坐就是好幾天，觀察兔子覓食、繁殖、生育和躲避危險。每個事件發生時，他就開始研究地面留下的痕跡。兔子、狗、狐狸、夜鴞，都曾是湯姆布朗觀察的對象。

在「追蹤師學校」裡，有個「仔細看」的練習，值得你試試看。拿一枝筆、一張紙，找一塊面積一平方公尺左右的土地，把那塊土地上所有會動的東西記錄下來。檢視一下，還有沒有你不認識的昆蟲？

過一陣子，回來觀察這塊土地，是不是產生了什麼變化？動物族群也在你離開的當兒發生變動了嗎？試著講出這其間的故事。

6

情緒舞臺

我跨過巴洛克式的白門，參觀一場東歐的懸絲提偶展，在黑森林和天鵝城堡的底圖間，裝飾著一個接一個的故事舞臺，有武士、王子、美女、農民和可怕的龍，其中一頭龍，造型就像才噴過火似的。

展覽會說明書，就是一篇美麗的歷史故事，描述著中古世紀東歐捷克戰亂頻繁。戰爭結束，失去家人的戰士流落四處。他們靠著懸絲提偶，為村民表演故事，把記得的部分添油加醋的傳述下去。這種「流動藝師」的傳統，直到現在，仍可在東歐國家的城鎮裡看見。

戲偶的表情

我站在一個黑色布幕襯底的舞臺櫥窗前，欣賞著裡面的展覽物，一個披斗篷，整副軍裝的英俊男木偶跪著，另一邊是個藍色的木偶。透明的藍紗飄在空中，標題寫著，「水精靈與負心的王了」。不知道是不是同一個故事，但鮑羅定寫的「伊果王子」歌劇片段，彷彿就在耳旁緩緩流過。雖然跪著的王子沒有多少表情，我卻從他左手上仰，右手平舉胸前的姿勢，感覺他表達出來的情緒是「憂傷」。

到了展覽另一區的表演舞臺，木偶的情緒表達就更直接了。這天，輪到的是布袋戲示範表演。父母帶著孩子擠在臺前，看年輕藝師以生、旦、淨、末、丑幾個簡單的戲偶，搬弄出各種複雜的情緒和動作。當小朋友看見小丑會轉盤子時，全都笑成一團，跟剛才盤據在我腦海裡的「憂傷」完全不同。接著，藝師邀請小朋友上臺，將手掌插進布袋戲偶表演「快樂的樣子」。

「可是，」小男孩說，「很難哪，它根本沒有表情。」

藝師說：「所以才要請你幫忙啊！想一想，怎樣才能幫他做出快樂的樣子。」

男孩想出的辦法是，右手將布袋戲偶舉高，然後自己的臉上做出快樂的表情。

藝師說：「我們可以看出你很快樂，可是，看不出布袋戲的快樂，怎麼辦？」

小男孩想了一下，也想不出好辦法，這時，他臉上的表情和手掌的布偶一模一樣。又換了一個小女孩上臺，藝師出題目，說：「請幫布偶做出生氣的樣子。」

小女孩沒有用自己的身體做表情，而是用力的擺動手臂，讓布袋戲偶看起來像氣得全身發抖。因此，即使沒有發出我們熟悉的布袋戲腔調，也可以感覺出戲偶生氣了。

演出情緒

表演結束，大家排隊出場，我好奇的湊近去看那幾個布袋戲偶，它們都穿上釘有亮片的華麗戲服。戲團的介紹手冊上寫著，自從野臺戲的演出檔期變少後，布袋戲團就轉型為說故事工作坊，用布袋戲偶教小朋友「演出」自己的情緒？

我問年輕藝師：「以前你們在學布袋戲時，有學情緒表達嗎？」

「有是有，可是沒有這麼直接啦！」藝師的表情就像那尊書生布偶，掛著淺淺的微笑，露出兩個酒渦，說：「你不覺得，布袋戲真的很厲害，只有幾種造型就可以演那麼多故事，連寫毛筆字的樣子都微妙微肖。」果然，他操作著小生布偶，小小的手上握著一根毛筆，真的很有架式呢！

「對，布袋戲偶臉部表情少，反而可以帶出多樣的情緒表達。」如果布袋戲偶已經設定某個特定的表情，就不能「演出」其他的情緒，只能像那個上臺表演的小男生，用聲音、姿勢和表情，來為布袋戲偶「代言」。

你覺得喜、怒、哀、樂容易表達嗎？在職能治療裡，有一種專門訓練情緒表達的課程。

第一課是觀看錄影帶，裡面有一張張不同表情的臉孔，沒有聲音提示，你必須正確的辨認出每種表情背後的情緒。一般而言，形容情緒只用喜、怒、哀、樂代表，但在生活中，錯綜複雜的情緒是很難表達的。如「啼笑皆非」會是什麼樣的表情？「哀傷裡有點淡淡的喜」和「有點生氣，有點憂愁，又有點想笑」該如何表達？複雜的情緒，很難表達吧！

生活裡的表情

再把每張表情嵌進現實生活中。算一算，你每天會流露出多少種情緒，反觀，從你看見的人，如朋友、同學、父母、老師和擦身而過的陌生人臉上，看見多少種情緒？有時候，好端端的，同學突然過來問你：「怎麼啦，在傷心什麼？」

「沒有哇，我好好的，沒有在傷心哪！」你嘴上這樣說著，臉上卻有些疲倦、愛睏，或是做白日夢等茫然的表情，會讓人讀錯了你的心情。在生活的大舞臺上，你是不是也常誤解別人的表情？

笑面具與哭面具

社會學家高夫曼說過，這個世界就是一座大舞臺，地球上的人都戴上不同的面具，根據不同的腳本，在日常生活的舞臺上演出。提到面具，法國默劇大師馬歇．馬叟有齣用到面具的戲碼，只見他一會兒戴上笑面具，一會兒又戴起哭面具，他的肢體配合著面具表情，忽然，笑面具卡在臉上，怎麼脫也脫不下來，觀眾看見他的肢體陷入著急、緊張，但臉上的面具始終掛著笑容。這時，臺下的觀眾認為他的情緒是哀還是樂？

透過馬歇．馬叟的演出，觀眾終於能夠瞭解，情緒並不只是那張臉皮上的表情，它有著複雜的方式和類型。

默劇，可以是我們學習表達、指認情緒的一種藝術類型，還有懸絲提偶、布袋戲也是。無論在戲臺上粉墨登場，或只是戲臺下默默觀賞的觀眾，別人的喜怒哀樂牽動著我們，我們的喜怒哀樂，也同樣為我們寫下每天的故事。這使我想起威爾柯克斯說的那句話：「笑，這個世界跟著你笑；哭，卻只有你一個人哭了。」

學習單

其實，並不是只有人的臉孔、姿態才會有情緒，文字、故事書、繪本或者裡面見不到人的圖畫，也都會有可以指認、辨別的「情緒」。請你嘗試閱讀一段文字，然後辨認出它的「情緒」。

情緒，也不是只有喜、怒、哀、樂，或是「高興」、「生氣」、「憂傷」這幾種形式而已，你可以試著蒐集許多種形容情緒的「辭庫」，往後，當你遇到人或想要表達自己的情緒，絕對可以派上用場。

我記得曾經有個女同學說，她很難過，「難過到不知該怎樣形容」，我用雙手比了個大圓，說「有這麼難過嗎？」她說有。我說：「那就可以形容了呀！如『我的難過像雙手比了個大圓那樣的大』。」想想看，如果你是這個女同學，還可以怎樣的形容呢？

7

照相機的異想世界

宋老師夫婦在兒子查理五、六歲時，全家一起去大陸旅行。去過北京、上海，查理卻一點也記不得了。

查理聽爸爸說，旅行期間，他生了一場病，結果，那場病就像在查理的記憶電腦檔案上按了「刪除」鍵似的，去過哪裡，看過什麼，吃過哪些好吃的菜，全忘得一乾二淨，能證明的，只有一張照片。

這張照片，查理已看過很多次，照片裡，五、六歲的他站在窗戶邊，對著鏡頭看。照片後面的故事，是靠著爸爸媽媽為他補齊的，「你生病了，躺在床上，所以只穿著一條內褲。後來，你聽見媽媽走過來的聲音，站起來靠在窗邊看……」經過爸爸的解說，查理看著這張照片，從此以後，別人問查理，有沒有去過大陸，查理會說，有，不過只留下一張照片。講起到大陸的經驗，大家講來講去，就是查理生了一場病，和一個站在窗口邊的小孩。

好了，翻開你的相片簿，打開存在電腦裡的相片檔，你是不是也有這種「什麼也想不起來」的相片？

小傑家，在他五歲前開日本料理店，進入小學後，料理店歇業，家也搬走了。後來他對日本料理店的回憶，只剩下一張三歲時，穿著全副料理師傅裝，站在壽司檯前有模有樣的照片，其他的，也像查理一樣，忘光了。幸虧，那時候爸爸興起，為小傑拍了這張照片，也為那段消失的回憶，留下最真實的見證。當爸媽和友人談起開日本料理店的往事，看過照片的小傑也插上一句，「那家店的牆壁，掛了一張東京的老照片，對不對？」眾人都大感驚訝，其實，小傑是「看圖說話」啦！

開明現在是小學六年級生，幾年前他讀過的幼稚園，因為馬路拓寬而拆除了。開明經過時，看著公車站牌想：「嗯，以前那個『大地球儀』就在這裡吧！」

開明會對那個「大地球儀」留有深刻的印象，也是因為照片裡，四歲的他緊緊抓住「地球儀」內的鐵欄杆，照片外應該有人在用力旋轉「地球儀」，所以照片裡開明才會露出一副驚怕的神情。其實，現在的開明長得很壯碩，那次到六福村坐「大魔神」，所有的同學和老師下來之後，臉色發白，腿都軟了，只有他有勇氣挑戰第二次。雖然如此勇猛，說也奇怪，每當開明經過以前「大地球儀」的位置，總會沒有理由的感覺一陣眩暈，像是幼稚園時期的那個小開明，還坐在一個不存在的「大地球儀」裡，轉動啊轉動。

一切的一切，都是因為這張照片，而照片又比景物更能延續下去。房舍拆除，「大地球儀」已不存在，如今開明長得又高又壯，惟有照片裡的景物依舊。

小學六年級時，開明的爸爸送他一台數位相機當生日禮物，開明很喜歡這個禮物，從此，他就正式擁有了屬於自己的影像回憶和記錄。開明將相機拿到學校的園遊會中，為同學、老師和自己拍照。大家對著鏡頭，舉起勝利的手勢時，開明心理想著：園遊會就像小時候的「大地球儀」，過後就會消失，我們在園遊會做了什麼，吃了什麼，同學的笑容，都會保留在照片裡。擁有相機，就像一個從幼稚園開始的故事，堂堂進入第二集，只是開明已從演員變成導演，能夠決定要給自己留下什麼樣的回憶。

因為，小時候的自己沒有記憶，別人要拍你時，你也不能對著鏡頭扮鬼臉，舉起勝利手勢，也沒有辦法擺出笑容。因為，如果當初知道爸爸要拍他坐在大地球儀內轉動，就算頭再怎麼暈，他一定會堅強的露出笑容的。

開明記得在爸爸的書架上，看過一本《娃娃看天下》的漫畫，有一天，瑪法達看見小弟弟玩蠟筆，整個臉和身體都髒兮兮的，趕快跑去拿照相機，要拍下弟弟的髒模樣。想不到才回來，弟弟已煥然一新，穿上新衣服，頭髮還抹油，等著讓姊姊拍照。想著想著，開明真的趁弟弟玩蠟筆時大拍特拍，簡直可以出一本弟弟的專輯，可是弟弟沒有像漫畫故事裡的人物，趕緊跑去換衣服。

班上有同學的媽媽在網路上做部落格，把他們家人從小到大的生活點滴都貼上網，一趟旅行回來可以貼十幾張照片，每張照片旁再寫一些字，註明時間、地點，他們在做些什麼，加上一段生活感想。以後，這些照片所代表的回憶，都是爸爸媽媽送給孩子成長最好的禮物。開明的爸爸媽媽並沒有做部落格，他決定再大一點，自己來開個部落格，現在，得好好的拍照片，留下記錄，分類。他還為這個部落格想好了一個名字，「開明，弟弟和爸爸媽媽的回憶簿」。

擁有照相機，真的能夠改變孩子的生活、回憶甚至世界觀。《小小攝影師的異想世界》講的，就是女攝影師澤娜布里斯基到印度加爾各答的貧民窟，發現那裡的小孩對照相很感興趣，於是她帶給他們照相機和底片，讓貧民窟的小孩開始為自己和他人拍照片，在一張張照片裡，留下的是孩童純真的笑容，以及從觀景窗望出去，天真無邪的世界，而不再僅是貧民窟或污穢的街道。擁有照相機，噢，這群小朋友還沒有數位相機、電腦和部落格，卻已足夠讓他們看見一個不一樣的世界。

學習單

你已經有自己的照相機了嗎？還是，你家就有一個部落格？

沒關係，不管是照片還是數位檔，一定有一些照片是你不知道在哪裡拍的，甚至，你也忘記什麼時後拍下了哪些照片。請你把這樣的照片找出來，依照你可以想得到的年分順序排列、分類，然後，請你為這些照片講個故事。

一定有你忘記的，或者根本就不知道的故事，努力回想，這些照片是誰拍的，請問爸爸、媽媽或哥哥、姊姊，一起把照片的故事說完整。寫下來，免得下次你又忘了。再想想看，出現在這些照片裡的「你」，和現在的「你」有哪些差別？

你也和開明一樣，發現照片裡的景物已經拆除或不復存在了嗎？請造訪那些拍照的地點，寫下你的感受和想法。

8 接納——海賊王的自卑和超越

假如，大海賊時代裡，在終年落雪的冬島，有隻麋鹿吃了人人果實，長出藍鼻子，變化成半人半鹿的模樣，然後會發生什麼事？

麋鹿群會把他當成異類，用後腿踹他，將他趕走。村子居民也視他如怪物，拿槍轟他，僅因為他的長相有缺陷，和人類不一樣。只有個蒙古醫生願意收留他，將他取名為喬巴，知道他有顆善良敏銳的心。

假如，喬巴遭到排拒後，與人保持疏離，變成強烈的自卑感，不再相信有人會將他當做夥伴，會無條件的接納他。請問，你該如何化解他的自卑感？

觀看《航海王喬巴身世之謎：冬季綻放，奇蹟的櫻花》，喬巴最後接受海賊們的邀約上船的經過，讓我想起二十世紀偉大的心理學家阿德勒提出的「自卑與超越」，阿德勒說，每個人心裡都會有自卑感，學習透過社會關懷和貢獻人群超越自卑感，就是我們的人生功課。阿德勒也說，器官有缺陷的人會更容易自卑。在這部電影裡，那就是喬巴的藍鼻子，連魯夫向他大喊：「加入我們吧。」喬巴還怯生生的問說：「我這樣長個藍鼻子，你們不會把我當怪物嗎？」然而，海賊們的熱情，融化了喬巴感受到的自我缺陷，他駕著雪橇帶領眾人橫跨月亮，投奔大海，心裡一定高喊著：「我有夥伴了。」

海賊們接納喬巴的過程，也很有趣。一開始，魯夫和香吉士還磨刀霍霍要把喬巴宰來進補，發現喬巴會講話，會變成人形後更是驚訝不已。後來，他們知道這隻麋鹿不簡單，身懷從巫女醫生學來的高明醫術。所以，海賊們接納喬巴並不是一開始就毫無保留的接受，是喬巴用善良、醫術和能力證明了自己的價值，也確確實實超越了自己的器官缺陷。

其實，有些人會歧視、排拒器官缺陷的人，純粹只因為他長得不一樣。然而，如果彼此有機會溝通，更加瞭解對方的心靈和能力後，感受到的差異就不會像原先那樣巨大。而且，即使我們表面上不知道，每個人對自己的長相、器官多少都會覺得哪裡有缺陷，這個世界並不存在完美長相的人。某種程度上，我們都是喬巴，都有點害怕別人的眼光，都在學習上自卑和超越這一課。我們希望別人怎樣看我們，我們也應該這樣對待別人。

從《海賊王》到《航海王》，這套動畫開頭都要觀眾想像「假如……」，這是很好的想像力練習。想像在那個遙遠嚴寒的世界已不再存在歧異，砲彈灰塵灑出粉紅、櫻花般的飄雪，就是人們的祝福。

學習單

親愛的爸媽，「自卑和超越」是一個成長裡非常重要，也常見的課題。小時候，你一定曾有過些什麼「自覺不如人」的地方，長大後可能會變成另外的一些自卑感：像沒有別人身材好、薪水不如人，或孩子成績不夠好啊。然而，你怎麼處理「自卑」，也會影響到孩子怎樣看待他們自己。建議你每天找一件事情，真心誠意的讚美孩子。同時，也要孩子每天真心誠意的學習讚美別人，先從一件開始。

9

做一個認真的讀者

大江健三郎肯定是喜歡《唐吉訶德》，他的自傳體小說《換取的孩子》、《憂容童子》多處提到《唐吉訶德》。當然，他提過曾一再重讀的還有《托爾斯泰日記》、杜斯妥也夫斯基的《卡拉馬助夫兄弟》，然而，沒有一本書像《唐吉訶德》，由於大江健三郎的關係，讓讀者留下如是深刻印象。

《唐吉訶德》是西班牙的文學國寶，塞萬提斯也一直是外國人心目裡，最有名的西班牙作家。我們寫文章，必然提起過這位舉矛撲向風車的年老騎士。但問自己一個問題吧：有沒有讀過《唐吉訶德》？

隨著年歲飄逝，更多的文學寶庫卻像深鎖的大門，我們頂多讀一下門楣上的招牌，就當讀過這本書。其實，是知道故事情節，寫文章時拿出賣弄一番。隨著小說出版的累積，越後面的讀者面對越多號稱「一生必讀」的小說，連一次都未必讀過，更遑論大江健三郎的一再重讀。

我寫這篇文章的此刻，從鉛筆盒掉出幾年前在巴黎聖母院買的紀念幣，正面是聖母抱子像，在馬賽克般編織的光網外緣，印上「NORTE DAME」。要上教堂的屋頂，即雨果筆下的鐘樓怪人眺望巴黎市景的地點，還要另外收費，卻排著密密麻的人龍，全是拜《鐘樓怪人》的盛名而來。我對巴黎聖母院的好奇，難道不也起於這裡嗎？但是，容我小聲說，我只看過安東尼昆和珍娜露露布麗姬妲的電影和迪士尼卡通，我也未曾讀過原著。

《憂容童子》裡，大江健三郎藉著羅絲小姐的話，提出對「重讀」的主張。其實，是來自加拿大文藝評論家諾斯洛普．弗萊引用瑞士神學家卡爾巴斯的一篇文章：「一個認真的讀者，是懂得『重讀』的閱讀者……那並不是說一定要重讀一遍，而是要在書本所具有的結構透視中去讀，這樣才能將徬徨於語言迷宮似的讀法，改變成具有方向感的探索。」

有個閱讀和寫作的現象，存在於現代作家和讀者的習慣裡，就是「引用」再「引用」，從某本書中「引用」摘自另一本書的字句，直到最後真的就像座文字的迷宮，像希臘神話中克里特島的米納斯迷宮。最後沒有人知道源頭在哪裡，而最早被引用的原典，卻已乏人問津。

一個作家如果知道他的片段一再被重覆引用，但他的書卻已無人閱讀，會感到欣慰或寂寞？

且引用奧地利作家里爾克的字句，後世讀者失去的，其實是「首次讀到的幸福」。在《給青年詩人的信》第二封信中，里爾克如此告知青年詩人：「你將要得到讀這本書時的大幸福，通過無數意料不到的驚奇彷彿在一個新的夢裡。可是我能夠向你說，往後我們讀這些書時永遠是個驚訝者，它們永不能失去它們的魅力，連它們首次給予讀者的童話的境界，也不會失掉。」

然而，對一個小說出版好幾個世紀後才輪到出場的讀者，我若（連這裡也用假設語氣）讀《唐吉訶德》時早已知道主人翁的下場，還沒有翻開書，我已經注定永遠的失去「首次閱讀的幸福」。

第一批捧著《唐吉訶德》，還懸著心不知道結局的西班牙讀者，不知是否充分享受過他們的幸福？

現代讀者失去的可能還更多吧，像大江健三郎對《唐吉訶德》的一往情深，像走到森林邊緣的童子，時時窺見森林深處的幽微藍光，年輕讀者卻無從體會。年輕讀者擁有太多的小說，過於擁擠的書架和過於繁忙的生命，再沒有一本小說能靜靜的，攫住一生的注意，也不再只對一本小說忠心耿耿。或者，現代讀者和閱讀間，就是種外遇關係。

我深深的羨慕著大江健三郎。

學習單

親愛的爸媽，你有什麼書是一再重讀的呢？請你找出來，最少找出一本，並告訴孩子，你為什麼喜歡重讀這本書？是書中的人物讓你心有戚戚焉？情節難忘？還是書中的某些道理歷久彌新，在不同的時段讀來，都會有不同的收穫？找一本經典著作，培養慢讀的習慣，一章一章，甚至是一頁一頁展開親子的共讀吧。

10

做一個自我實現的人

許多台灣小孩看日本漫畫長大，每一代都有自己的喜好，我那一代，肯定沉迷過手塚治虫，「原子小金剛」、「怪醫秦博士」（後來改名為「黑傑克」）、「三眼神童」、「寶馬王子」都是難忘的名字。手塚治虫就是這些漫畫角色的父親，給他們生命，創造出精采的故事。

後來知道，「原子小金剛」脫胎自「木偶皮諾丘」，那是木匠刻的木偶得到生命。「原子小金剛」是科學家爸爸天馬在兒子去世後，創造出來的機器人，但爸爸厭惡他不會長大，也迫使小金剛出外經歷一段自我的放逐和追尋。

原來，小金剛還以為他是真的小孩，等到發現真相後，傷心的離開家。他最後可以接受自己的樣態，發揮他的七種能力拯救世人。關於機器人變真人，還可一讀美國科幻小說家艾西莫夫的《我，機器人》，那個機器人夢想變為真人，等到夢想成真後，發現真人有生老病死的煩惱，有與親人告別的遺憾，在書裡，機器人選擇接受這種命運，因為，惟有真人，才感受得到愛與被愛。

噢，環繞父子間的愛與被愛，正是「原子小金剛」的核心精神。小金剛沒能感受到父親的愛，所以，他要出發尋找關愛他的同伴。出發時，他是個傷心的兒子，覺得世界一團混亂，但旅程結束時，已搖身變為英雄。西方神話中，常見到這種屬於兒子的試煉，帕西法爾的父親戰死後，母親帶他遠赴鄉間僻居，但他最後還是接受傳自父親武士血液的召喚，出發前往亞瑟王的宮廷。他是一個沒有父親，母親不諒解的兒子，同時也是一名英勇的武士。

手塚治虫的父母很愛他，他從小就愛畫畫，父母會擺一本雜誌簿在他的枕頭邊，供他塗鴉畫畫。然而，他創造的這個小金剛故事卻提醒我們，一個英雄可以從傷心的兒子出發。有位偉大的心理學家馬斯洛，提出了「自我實現」和「高峰經驗」，將來有機會你一定要找來讀。馬斯洛的童年，就有原子小金剛的影子，他寫道：「我是個極度不快樂的孩子……，我的家庭很糟糕，母親很可怕。我是在圖書館和書堆裡長大的，沒有半個朋友。有這樣的童年，我沒有變成精神病患簡直是奇蹟。」

如果你還沒讀過馬斯洛的書，我這樣簡單的說吧，一個「自我實現」的人，就是「充分的活著，將本身的潛能發揮到極限」的人。他的童年境遇也許不快樂，卻因為有過這種經歷，他更加懂得去愛人的價值。你看，原子小金剛展現七種能力時，是不是一個「自我實現」的人呢？發動能量，一個傷心的兒子，現在高高的飛在天上。

學習單

有不少木偶、機器人或假人變成真人的故事，親愛的爸媽，你讀過多少則呢？

請孩子自己去找這些故事出來閱讀，找到越多越好，請他們談一談閱讀的心得，他們為什麼這麼想變成真人呢？變成了真人，真的就比較好嗎？然後反過來想，如果他可以變成假人，他會選擇變成什麼樣的，木偶、機器人或石頭人？讓他們自己把原因講出來，這就是一種自我實現喔。

11 做一個懂得讀書方法的人

我記得很清楚，在讀一本關於羅馬天主教和教堂為背景的英文小說時，處處遇到生字，我一面查字典，一面將那些字嵌進情節。

後來，覺得這樣閱讀的速度過慢，反而是妨礙，索性跳過生字繼續讀下去。漸漸的多遇到幾次同一個生字，對照前後文的意思，我也猜得出來，忍不住查字典，果然就是那個意思。心裡，一陣得意。

然而，也有猜錯的時候，這跟與異性談話，卻完全會錯意時同樣尷尬。有些字偏偏就是讀懂文章的關鍵，我對英文照樣有邊就讀邊，看它像哪個字就猜那個意思，也因而讀錯了許多文章。

日本諾貝爾文學獎得主大江健三郎年輕時讀外文小說，竟也採取和我一樣的策略。大江健三郎寫道：「年輕時，我就經常嘗到這滋味。我讀過英文書和法文書，主要是小說。讀的速度漸漸快起來後，覺得查字典太麻煩了。於是不查字典，就那樣以一定的速度邊享受邊閱讀。」

「覺得這裡不太懂，一面這樣想，一面讀下去的時候，」大江健三郎寫道，「這是幸福的例子。」

原來，不經意間，我也採取了和大江相似的讀書方法。接觸外文書時，我們是要翻查每個字的意思，駐足停留在每個段落間，還是維持著一個讀書的節奏，享受閱讀帶給我們的，節拍的美感？

不僅詩作要講究節奏，優秀的小說作家也必然會以節奏取勝，時而帶領讀者進入緊張、快意、甜美或震撼莫名的節奏裡。然而，當我們讀外文書，經常迷失在生字和文法的迷宮內，就無法像大江健三郎這樣，「一面不太懂，一面讀下去」，最後總會視外文書如畏途了。

美國偉大的小說家愛倫坡說，當讀者讚美他小說寫得好時，他總要偷笑。因為，愛倫坡說：「一切文學都是計算出來的。」詩可以是字的排列和計算，小說當然也可以，像數學或創作音樂，動機逐漸累積上升或連串下滑音，寫作靠的不單僅是最原初的靈感，也來自計算節奏。

大江健三郎則是這樣說的：「母語的日文固然不用說，就算是英文或法文也一樣，文章本身就有一股力氣，在你讀著之間把你往前推進。」

當文章發動氣勢，讀者捲進那股氣勢，跟隨節拍讀下去，有幾個不懂的生字，反而釀造出神秘的美感。就像坐巴士走一條陌生路線，在有些熟悉的風景裡，偶而閃過一些生疏感，卻不妨礙觀看和瀏覽。

我的閱讀經驗則是有些生字猜過幾遍後，等到福至心靈去查字典，縱使猜錯了字，會錯了意，將來卻會特別的記住這個字。現在的外文閱讀過於方便，有電子字典、電腦姑狗，報紙的小方塊下還有生字解釋，毫不費力就可知道意思，然而卻是隨記隨忘，進不到記憶庫。反而，得傷點腦筋的，心有些迷茫的，才將那個字、那篇文章納為己有。

我很有印象的是obelisk這個字，讀過丹布朗原文小說的讀者，一定也會記得這個字。如果照丹布朗所說，obelisk象徵著隱藏在現代都會裡的古老埃及符號，在我們所居住的台灣城市裡，其實也處處是失落的符號。昨天，我經過台大醫院新大樓旁，驚喜脫口而出：「obelisk!」分享了尋找符號的樂趣。

不太懂某個字，沒關係，跳過去讀，大膽的猜猜看。把那個字當成種子，如果尚未含苞開放，我們大概也猜不到是哪種花。猜吧，給種子一些水，以後，生字會開成花朵，長存我們心中。

學習單

親愛的爸媽，你曾經留意孩子的讀書方法嗎，有什麼優點或缺點？如果他總是落進一大堆字海裡，卻無法說出文章的要義或大概，可能就是讀書方法出了問題？

請孩子學習在文章畫他覺得是重點的地方，（如果你覺得那不是重點，也沒關係，讓他先用自己的方法試看看），接著請他就這些重點，講一遍這篇文章的意思。記得，多鼓勵他，必要時另行試一次給他看。

12 做一個優秀的地球使用者

你在夜市玩過撈金魚遊戲嗎？蹲下來，浮躁的聲光環境間，你得凝神貫注，手拿紙糊的網，輕輕入水，撈捕大群逃竄的金魚。直到紙網破掉後，計算撈的金魚隻數，再換成獎品。手氣好的話，你還可將金魚帶回家。

我偶而停下來觀看，有些少年非常熟練，短短幾個動作就撈起一尾金魚。其實，那還是有技巧的，要由斜斜的角度入水，將魚「托」進網，說時遲那時快，離水的金魚搞不清狀況，激烈晃動尾鰭。我想，如果金魚會說話，牠一定會說：「疼，好疼啊。」

帶著夜市的記憶，再去看宮崎駿的動畫《崖上的波妞》，演到波妞在水桶裡對說她醜的女生噴水，差點讓我笑出聲來。如果，波妞不是給宗介救了，而是置放進夜市的水槽，同其他金魚擠在一塊。那麼，當波妞被撈出來時，應該，也會氣得對準玩遊戲的少年噴水。

波妞是海洋之母曼瑪蓮和人類藤本的女兒，就連那群像穿著舞裙的小金魚都是。其實，我根本沒有想過這個問題，現實裡，我們都上過生物課，知道金魚產卵，一生下來就是一大群，直到或許看迪士尼動畫《海底總動員》時，一尾孤獨走失的小丑魚，遠方海底有個焦急尋找他的爸爸，我們才像發現一個新世界般，發現每尾金魚也都是某某魚的兒子和女兒，這樣想像時，你還忍心玩撈金魚的遊戲嗎？

宮崎駿的這齣動畫，改編自安徒生的童話《人魚公主》，這個新的故事版本裡，波妞亂用魔法，倒掉生命之水，引起大海嘯，淹沒陸地和道路，這一切，只為把鰭變為手腳，變成五歲小女孩，好和她喜歡的宗介在一起。但是，就如安徒生和宮崎駿所設想的，變成「人」真的這麼有吸引力嗎？

魚缸裡悠游自在的大眼金魚，或是在蔚藍海底穿梭的魚群，感覺清涼安靜，做一尾魚，好像也頗有趣的呢。我讀過一本繪本，把每天過著同樣生活模式的人比喻成住在金魚缸裡，還真的相當傳神。人比魚厲害的地方在於，人會講故事、編童話，所以總想像魚希望變成人。但如果魚也會說故事，在魚的故事版本裡，說不定是人類才想變成魚。

如果魚會說話，會講故事，我知道他們一定會說：你看啊，人類真骯髒，把垃圾、汙油、廢棄物都倒進我們的家園，動不動，還把一大片魚網伸進來，抓走我們的親人。人類，實在是差勁的「地球使用者」，而且，他們還低等到沒有長出鰓。

哎呀，到底魚想變成人，還是人想變成魚，這個問題怎麼也說不清楚了。只是，如果波妞想變成小女孩，就要造成這麼龐大的代價，我會想，那寧可不要吧。下一次到夜市，我會跟撈魚的少年說，輕一點，輕一點，金魚真的會疼喔。

學習單

生活在地球上，每個人都是地球的使用者，每天都在耗費地球有限的資源，親愛的爸媽和孩子，請每天做一件對地球資源有益的事，並要孩子做記錄。如確實做垃圾分類、使用環保筷、種了一棵小樹，把便條紙回收再用，少吃點速食和垃圾食品都算。

13

做一個屬於未來的工作人

某家賣場頂樓，有人開設一個少年體驗職場的中心，這裡，原本只是乖乖學生的少年，可以搖身一變為送信的郵差、便利超商店員、救火英雄或翱翔雲端的飛行員。

遨遊雲端？你可別想太多，他們不會讓你把飛機開走，你始終處在天花板下。然而，當你穿上機師制服，戴上帽，坐在佈滿儀表和燈號的駕駛座，那種感覺，相當的真實。當上機師，每次飛行要面對的，就是這些標準的程序：檢查儀器、關燈、亮燈、發動、起飛。每種行業，在光鮮的制服下，都會有他們的酸甜苦辣。你或許知道爸爸媽媽的職業，然而，你聆聽他們談起自己的工作嗎？還有，你知道爸媽現在所做的工作，是怎麼得來的嗎？有沒有想過，如果你已經立定志願，將來想投入某種行業，從現在開始，你要做些什麼，才能保證可以得到那份工作？

要得到一份工作，無非幾種方式：好好讀書，擁有足夠的學歷；參加考試，得到證照；寄履歷表去應徵工作；自己創業，或是接下家族事業。還有沒有其他方式？電影《微光城市》提供了一種有趣的選擇，這個設在地底下二百年，只憑發電機提供能源的城市，小孩十二歲從學校畢業時，就由市長召集，每個人輪流從布袋裡抽出他將來要做的工作，然後，他們就會分配到「維修下水道」、「維修發電機」、「照顧溫室植物」、「倉管」、「信差」等等，不管你喜不喜歡這份工作，也不管你的能力能不能勝任，抽到了什麼工作，好像就決定你往後的命運。因此，當一心一意要修理發電機的哈洛抽到「信差」，而個性活潑，喜歡人群的莉娜抽到「下水道」時，顯得多麼失望，他們私底下交換紙條，這才算投入自己喜愛的工作崗位。

深處在地底長達二百年的這座城市，不知道地面上人類的歷史，也沒有電腦、電話、電視這些你以為理所當然的設備，然而，觀看這部電影或可引發我們思考，如果沒有了電，或是電變成如此珍貴的資源，有哪些工作會消失，有哪些工作會應運而生？像擔任信差的莉娜，你能想像她的工作內容嗎？有人付她五塊錢，跟她講一個口信，請她傳給某個人，她就要奔跑去找到那個人，把口信帶到。我看，依照喜歡機器零件的哈洛個性，他如果遵循抽籤結果來當信差，應該會覺得很不習慣吧。

我不知道在微光城市的二百年歷史中，所有工作是不是都是這樣決定的。我有些好奇，那個市長的職位也是靠抽籤得到的嗎？其實，當孩子在學校讀書，我就說是你吧，應該就會展露出某些興趣和專長，足以看出將來他適合哪項工作。所以，十二歲畢業典禮上，市長應該把所有紙條都攤開來，說：「我們現在有這些工作機會，你們覺得自己適合哪種呢？」想像是你靠過去，在電燈泡的微光中，沒有人來跟你搶同一張紙條，你會選擇哪種工作？

學習單

請親子一起完成，對某項工作做一天的觀察。最好，當然就是親愛的爸媽自己所從事的工作囉，如果你的工作場所許可，帶孩子來「實習」一整天，當他知道爸爸媽媽每天那八、九個鐘頭都在做些什麼事。或許，以後他會變得更加的節儉，當他知道賺錢原來那麼辛苦以後。

14

做一個最文明的原始人

美國人近年的大事，當屬選出一名黑白混血的總統歐巴馬。當選後，他在許多場合說，要努力讓美國成為一個種族和諧的國家，大家不分族群、膚色和出身地，都是同一國的人。

每個人生下時，都擁有一個膚色，屬於某種族，終生都無法改變。有些人對自己的種族覺得光榮、驕傲，然而，在歷史上的某些時刻，某些膚色卻彷彿帶著羞恥的印記，好像當這種膚色的人，天生就矮別人一等。當小孩子時，我們並不知道，膚色和種族有那麼重要，總想大家不是一樣的人嗎。種種感覺，是從別人對待我們的方式而來的。

童年住過印尼的歐巴馬，由於他的膚色，始終無法融進當地其他黃皮膚的小孩。長大後，他親身體驗美國黑白種族對立，常常有感而發，說他如果有機會當上總統，一定要改變這種現象。

其實，歐巴馬的際遇算是幸運的，如果他生在一九三〇年代的澳大利亞，以他黑白混合的血統，肯定會像《澳大利亞》裡的小男孩努拉，被稱為「巧克力」，還會被千方百計從親生媽媽身邊帶走，只因為那時代的澳洲白人有著強烈的種族優越感，認為原住民媽媽不會養小孩，一定得交由白人集中管教。

電影裡，努拉的命運真坎坷，親生父親是個偷馬賊，動不動就鞭打他；親生媽媽為了躲避白人警察的追捕，淹死在水塔中。幸好，還有位原住民祖父喬治王遠遠站在澳洲蒼茫的曠野中，等著接孫子「回家」，始終不改其志。

白人總說，原住民是「土著」、「野蠻人」，衣不蔽體，居無定所，終日漂泊在荒野。所以，牧場女主人總是呵護努拉，讓他穿上衣服，以為給他過「文明」的生活才是對他好。然而，澳洲原住民有著深如曠野的性靈智慧，用歌聲和萬物萬靈溝通，天地回應，行走在白人束手無策的沙漠也不會迷路。對原住民來說，整片澳大利亞大地都是他們的家，家不只是幾塊磚瓦和門窗構成的建築物，那樣的家過於狹隘，說不定在一場敵機空襲轟炸後就會失去，只有大地，才永恆廣在。

電影最後，當努拉脫下象徵文明的衣服，赤身露體跟隨祖父而去，祖父跟牧場女主人說：「你們一直在旅行，而我們要回家了。」對啊，人生其實就是不斷的旅行，從這裡到那裡，從那裡又到這裡，而我們的「家」在何處呢？

「文明」和「原始」，其實已不再是任何膚色和種族的標籤，所有膚色、族群和出身地，其實都一樣的「文明」。《澳大利亞》裡所見最文明高貴的人，也就是那尊屹立等待的孤獨身影。

學習單

親愛的爸媽，請帶領孩子一起來了解原住民族的生活和智慧吧。讀一本原住民作家寫的書，如撒可努的《飛鼠學校》就寫得很有趣。或者看一部與原住民族有關的電影，或者打開發現頻道或國家地理頻道，看一段與原住民有關的記錄片。

15

做一個會發光的人

七月最熱那兩天，我到澎湖旅遊，路過西嶼海岸，導遊特地介紹一座還很新的棒球場。那時還在放暑假，棒球場不見人影，我卻似乎可想見大家在裡面練球，聽見鋁棒敲擊棒球的清脆聲響。

這座棒球場背後有個故事，幾年前講美小學棒球隊贏得亞洲盃少棒賽冠軍，隱沒在海島一角的這群少年，立即成為矚目焦點，有企業贊助一千萬建了棒球場，讓以後澎湖的少年有地方練球。這可是家鄉的榮耀啊，許多年後，講美國小棒球隊的少年長大了，還可跟孩子述說這個故事，「那年，我們贏得錦標歸。」如果有機會去澎湖，請找找這個棒球場，我還深深記得它的門牌：「西嶼白沙鄉講美，一〇〇之七」。

一次的榮耀，或許僅僅有過那次的勝利，卻已足夠傳下美談，棒球運動讓講美國小成名，也改變過許多人的命運。《野球孩了》這部記錄片就記載下花蓮富源國小棒球隊在畢業前完成心願的歷程，那個心願是：贏得全國少棒大賽。

打棒球的孩子，譬如說和打籃球比較起來，會有什麼不一樣嗎？心理學家做過研究，發現籃球打得好的人通常較衝動，較有耐力，而棒球需要的是策略、選球判斷力和臂力。心理學家說，能不能打好棒球，和這個人的性格是比較有關係的，過於衝動、活力的人，可能會比較適合籃球和橄欖球。然而，無論你喜歡哪種球類運動，團隊精神都是必勝的關鍵。

《野球孩子》也不例外，可能所有運動勵志的寫實題材都不會例外的強調團隊精神吧，只看你能體會多少。記錄片裡，討論到要不要讓某位隊員歸隊，少年們的對話是：「他回來有什麼幫助？」、「少他一個，比賽時候好無聊。」；「他回來，可增加一個人打擊。」、「少了一個人，就像少了一塊拼圖。」有人還問：「怎麼增加士氣？」同伴回答：「團結啊。」

「團結啊」，就是這麼簡單，然而為什麼團結有那麼重要呢？借用完形心理學家的說法就是，整體大於部分的總和。一個個球員的打擊力和守備力加起來，絕對不如一個球隊的整體策略運用。

這個道理，就像一九一〇年，德國心理學家威特海默搭火車時，發現鐵軌上相隔很遠的燈光，在火車快速行進時，看起來卻像連在一起。威特海默就從這種現象出發，創設了完形心理學。如果他來當棒球隊教練，一定會跟《野球孩子》的教練一樣，告訴隊員要為了球隊，而不是個人。否則，每個人都只是一道亮光，無法連結成耀目的光芒。

看著別人打棒球，你的內心也曾經發光嗎？我衷心盼望你在畢業前去參加球隊，只要你喜歡的球類運動都可以，去體會在團隊中留下汗水的滋味。有沒有一座球場為你們的成就而興建，那反而是其次了；比賽前，教練說：「全力以赴，從第一球到最後一球都不能保留。」對了，就是這樣的精神。

學習單

親愛的爸媽，別忘記從小要培養孩子對運動的興趣。不光是運動，也可展開與運動或球類相關的文史探討。如果社區或住家附近就有球場，有空帶孩子去拜訪，甚至與老球員接觸、聊聊。當學校出作文作業或寫周記時，鼓勵孩子偶而以運動或球場為題目。

16

做一個會思考的人

「兒童是天生的哲學家，他們總是如此好奇，急著發問。」沒有一位教育理論專家敢公開反對這個說法。但是，現實生活中，當孩子發問時，大人常常一副不耐煩的德性，總以為依據孩子的心智發展天性，問題必定粗淺幼稚。

如果我們同意文章開頭的這句話，幾乎，也在想像裡完成對哲學家的白描。哲學家給我們的就是一副滔滔雄辯、咄咄逼人的模樣。套句某廣告用詞，哲學家往往「只剩下一張嘴」，不知他們的伴侶怎樣看這件事。我曾比較啟蒙時代後，哲學家和行動革命家的肖像，發現革命家如列寧、卡斯楚都蓄大鬍鬚；而哲學家如康德、柏克萊卻皆白淨書生樣，不修邊幅點的如笛卡兒，也不過頭髮到肩，留八字鬍，眉頭一高一低如像情人的挑逗而非思索。和六〇年代的嬉皮哲學家相較，這位哲學宗師顯然保守得多。

話題扯遠了，寫這篇文章的用意是要主張，不妨試著給兒童純粹的哲學思考。過去，提倡兒童哲學的學者會建議從繪本著手，引導孩子展開日常事物，如大小、形狀、長短、高低、好壞、加減的抽象思考。最典型的就是那本《分蛋糕》，鈴鈴，門鈴響了，又來了兩位動物好朋友，請問蛋糕要切幾等份。好像你一烘好蛋糕，全森林的動物都等在你家門外，輪流來按電鈴。動物喜歡吃蛋糕，本來就有些奇怪。

純粹的哲學思考，並非完全與兒童絕緣，美國哲學老師大衛・懷特寫了一本《給孩子的哲學》，列出幾則從大哲學家們腦中轉交的問題：

1. 可以說謊嗎？

大人常告誡兒童不可說謊，自己倒常犯戒，以致發明出「善意的謊言」這類名詞。康德卻說，為任何理由說謊都不行，說謊是錯的，為一個對的理由而去做錯的事，受傷害的仍是說謊的人。

跟孩子講康德的說法，問他：你同不同意？

2. 沒有人聽見時，樹倒會不會發出聲音？

這是美國人最常用來啟蒙孩子思考的問題之一。不假思索，你一定會根據感官經驗說，沒有人在旁邊，樹倒仍會發出聲音，就像沒有人在看，花仍會自己綻開。日本俳句詩人松尾芭蕉的名句：「當我細細看／啊，一朵薺花／開在樹籬邊。」後來有人評論道，松尾芭蕉仍難破我相，應該刪掉「當我細細看」，自然法則一樣成立。後來又有人說：應該連「開在樹籬邊」也刪掉，整首詩最有意境的寫法是「啊，一朵薺花。」我看，何必分別薺花，花就是花嘛，所以可改寫成「啊，花。」

原本這個問題是英國聖公會牧師喬治．柏克萊提出的，柏克萊想說，除非透過感官，你無法察覺到任何事物。樹倒時發出音波，但音波除非被耳朵器官攫獲，轉碼成腦中的聲音反應，不會被「聽見」。

跟孩子試著描繪這樣的世界，宇宙的生生變化，如果沒有人類在場，如果沒有感官經驗，應該是無聲無臭無色無味的，恰恰符合佛經的觀點。

跟孩子講柏克萊的說法，問他：你同不同意？

3.電腦會思考嗎？

這個問題，挑戰你對「思考」的定義。笛卡兒的「我思故我在」也屬同樣命題。他懷疑所有事物，甚至也懷疑自己是不是存在，最後得到結論：「我一定是存在的，不然我沒有辦法懷疑。」依照笛卡兒的邏輯，電腦顯然不懂得「懷疑」，但是電腦會思考嗎？

最有名的事件，應屬一九九七年五月ＩＢＭ設計的「深藍」電腦打敗俄國棋王蓋瑞．卡斯帕若夫。剛開始，程式設計者將深藍設計成模仿人類的思考方式，這個階段，深藍敗給了棋王。第二戰，捨棄教電腦思考，將棋王過去的棋路全部輸進電腦，專為打敗棋王而設計程式。這一戰在人類文明史上相當重要，人類被自己發明的機器打敗。電腦惟有放棄學人類的思考，才終於打敗人類。我一直想，卡斯帕若夫下過的棋路都被摸得一清二楚，難怪會失敗，如果他不按牌理出牌，說不定有機會贏回來。

人類的思考當然不夠有效率，伴隨妄念和胡思亂想。但人的優勢是仍懂得發問，仍維持著好奇，我就沒遇見過一具會主動發問的電腦。

跟孩子講深藍的故事，問他：你同不同意？

學習單

這篇文章裡的那幾個很常見的哲學問題，都可以設計成一次引導思考的教材。親愛的爸媽，但請記住，哲學的特質就是沒有一定的答案，只要孩子的回答沒有脫離他們的想像和感官範圍，那就是不錯的答案喔。

17

做一個敢去幻想的人

我最懷念的一座動物園，是早已就不存在的圓山動物園，或許，因為那是我少年時第一個去過的動物園。你去過圓山兒童育樂中心吧，可能無法想像，那裡曾有一座動物園。

在圓山動物園，我第一次和大象，也就是林旺爺爺合照，所以，我一直感覺，從小我就和林旺爺爺認識。林旺爺爺去世時，我的心情很難過，就好像失去了一個親人。有一次，我舊地重遊，帶著兒子去那裡玩，在一排古厝的轉角要下階梯的地方，有塊空地立著招牌說這是從前犀牛的位置，我看著就覺得好笑。

犀牛其實是很有意思的動物，楊．馬泰爾寫的《少年Pi的奇幻漂流》這本小說裡，這個叫帕帖爾的印度少年家裡就是開動物園的，曾經有隻犀牛失去母親很孤單，他們就找了一頭山羊跟牠作伴，結果犀牛和山羊和平相處，相安無事。園方還特別立了個招牌，要遊客特別注意這項動物園的「奇蹟」。

為什麼犀牛和山羊在一起，會讓人覺得驚訝？因為牠們分屬於不同的食物鏈，動物的關係就是用食物鏈來區分的，越是食物鏈頂端的動物像獅子、花豹、老虎，越讓其他動物感到害怕。但你有沒有想過，住在動物園裡，甚至在動物園長大的感覺呢？《少年Pi的奇幻漂流》裡，長大後的少年Pi這樣回憶著：「對我來說，動物園是地上的天堂。在動物園裡長大，我所有的回憶都是美好的。我過得像王子。哪一個印度大君的兒子有像我一樣遼闊華麗的遊樂場？哪座宮殿有如此規模的動物園？」

日本北海道最北端的旭川市有座旭山動物園，也華麗得像宮殿。在《旭山動物園物語》電影中，飼養員吉田也很嚮往在動物園長大。少年時他個性內向，常被同伴欺負，要他黏在樹上學蟬鳴，所以他寧願與獨角仙和昆蟲在一起，讓媽媽很為他擔心。但是，進入旭山動物園工作改變了他，本來就要關閉的動物園也因為他，奇蹟的變成全日本第一名。

原來，旭山動物園快要被廢園時，吉田提出他小時候的幻想：「讓企鵝飛上天」，園長就拿這個構想打動了新任的女市長，建造出新的動物園。到了二〇〇四年，旭山動物園的單月入園人數竄升為日本第一，還打敗人氣一直最旺的上野動物園，從此以後，旭山動物園就變成到北海道時，一定要去逛的景點。

一個孤獨、封閉的少年，講出他小時候的幻想，接著就創造出這則動物園的奇蹟。當然，有很多人的力量一起加入啦，但是，絕對不要忽視你的幻想，尤其是放在記憶裡面的，說不定多年後會發揮出巨大的力量。

這樣去想像你的幻想吧，想像一座動物園，各種你喜歡或害怕的動物都住在這裡，然後請你想像這些動物會為你做些什麼？請黑猩猩幫你抓癢，請信天翁幫你寄信，把長頸鹿漆成粉紅色，在脖子繫上領結。

還有呢？

學習單

我記得電玩遊戲裡，真的有一個建造動物園的遊戲，當然，可以不只是動物園，百貨公司、城市、超級市場都是可以培養幻想力的地方。

敢去幻想如果再進階一層，在這次的練習裡，親愛的爸媽，讓孩子也一起想像他的幻想應該如何執行吧。

18

做一個能控制情緒的人

各種語言文化都有形容「憤怒」的成語，中文有句「滿腔怒火」，說生氣時就跟肚子裡有把火在燒一樣，想像那個樣子，真有些可怕。

英文也有，說生氣的人「就不是他自己」，變了個樣。這句成語另有層涵義：只有心情平靜時，這個「人」才算「人」，他講的話、做的事，才代表他自己，生氣時不算。

回想你最生氣的經驗吧，比較接近「火在燒」還是「變了個樣子」呢？我不知道你的答案，但我確信，當你發脾氣、憤怒時，腦袋會自動停止思考，衝動、情緒主導你的作為。有些話、有些事在生氣時會不顧一切說、做出來，也是這時候，我們最容易傷害到親人。平靜下來後，才開始後悔，發誓「下次我再也不生氣了。」下次？等下次再說吧。

如果你覺得，自己生氣時是「變了個樣」，電影《無敵浩克》裡斯文的科學家布魯斯班納，衝破憤怒的臨界點變成綠色的浩克，就和你的情況很像。我說的是「很像」，漫畫和電影裡布魯斯班納是遭到伽瑪線輻射污染，變身使他擁有無敵的力量。而你又不曾遭受輻射污染，生氣只會使你失去理智，不會賦與你力量。不管生不生氣，你都不可能用身體阻擋坦克，別想去試了。

憤怒變身，變成無敵浩克，有什麼不好嗎？布魯斯班納卻寧可不要，他把變身當成一種病，千方百計提供血液樣本給遠方的科學家，想要把自己治好。如果不是軍方找到他，他練習瑜珈、腹部呼吸，帶著儀器表隨時監測脈搏，我猜他應該可以好好的控制住自己的情緒。因為，即使可以變身，但無法管好自己的怒氣，布魯斯班納變成浩克還是不由自主的；太容易受到外界刺激的影響，布魯斯班納和無敵浩克就永遠是分開的，他只能選擇離開人群，內心孤獨寂寞，把綠色怪物關在自己身體裡。

如果，自己不想生氣，偏偏有人來激怒你，就像躲在巴西的布魯斯班納，也會被軍方找上門，那該怎麼辦？用電影裡的一句話來回答吧，「無法完全避免掉那樣的考驗。」把它當作對自己的考驗，平時，多練習腹部呼吸，監測自己的脈搏，不要讓怒氣一來就吞噬了自己。

我們當然知道，無論漫畫、電影再出多少集，布魯斯班納永遠不可能治好這個「病」，否則戲就演不下去了。然而，你倒可以試著想像自己體內也關著一個小綠人，相信而且要預防，生氣把你變成一個綠色的怪物。布魯斯班納無法完成的任務，輪到你在自己的生命舞台上，為他完成。

學習單

當孩子生氣時，不要用你的生氣去壓住他的情緒，否則以後親子可能會陷進比賽大聲公的循環裡，把家裡搞成像無敵浩克狂掃後的街道。

當然，你會覺得講的簡單，情緒一揚起來就無法控制。所以，請你和孩子一起在生氣後做一次身體掃描的練習，體會生氣前後身體的變化，如心跳、血壓、皮膚熱度等等。

19

做一個欣賞自己缺點的人

馬內、雷諾瓦、莫內是聞名世界的印象派畫家，卻較少人知道，當他們在十九世紀中葉保守的法國畫壇崛起時，屢屢遭到挫敗的往事。

就說馬內吧。一八六三年，馬內畫了一幅「野餐」送到「巴黎沙龍」參加評選，那時只要你的畫獲選，就代表畫風受肯定，身價立刻不一樣。但是，馬內的畫卻遭到拒絕，有評審還說，這張畫根本不算畫。

莫內、雷諾瓦也是因為常被批評「畫得不正確，比例、用色不對」，乾脆自己創設「落選沙龍」，自己找地方開畫展，最後終於自成一家。

噢，你畫的畫也常得到類似的批評，你參加美術比賽從不會得獎，除了新來的美術老師看著你的畫，眼睛流露興奮的光芒，沒有人賞識你的作品？讀到這幾位大畫家年輕的遭遇，應該能讓你心情好點。要不然，鍾肇政寫的《魯冰花》，也曾改編成電視劇和電影，最近這部就是《新魯冰花：孩子的天空》，你也可見到一名不被賞識的小畫家古阿明。

你應該知道這個故事。古阿明沒有被學校選為參加全縣國小美術比賽的三年級代表，但美術老師郭雲天將他的作品寄到國外參賽，得到了特獎，古阿明卻已因病去世。這次，我請你注意到，郭雲天老師會覺得古阿明的畫勝過林志鴻，就是因為古阿明總是在馬締斯式的原色調裡，用力表現出自己的七情六慾。

原本，古阿明多麼渴望代表學校參賽，希望落空後，他的滿腔失落和憤恨，都投入畫在那幅「茶蟲世界」裡，畫中，大大小小的茶蟲猙獰可怖，啃食茶葉和畫中人的衣服。如果依照小說和電影中訓導課長的說法，哪有茶蟲大到會啃食人的衣服的呢？但是，卻畫出了古阿明的心境。就是這麼一幅「完全不正確、不自然」的畫，獲得國外大獎，成為小鎮從未爭得的榮耀。

想想，如果你是古阿明，別人不欣賞你，或是當你的作品落選的時候，感到氣憤、失落、失望都是非常正常的情緒，然而，你能不能把這份心情，表現成一幅「茶蟲世界」呢？有了這張畫，別人的看法，有時並不是那麼要緊的。

鍾肇政會用「魯冰花」比喻這則悲傷的故事，因為「魯冰花謝了，留下一粒粒種子，明天又會開出一片黃色花朵點綴人間，而在這一開一謝之間，使花園得到養份。」

那種種壞的心情，其實就是魯冰花，謝去後，成為明日希望的養份。

學習單

親愛的爸媽，請找鍾肇政的原著來讀，要孩子告訴你，他遇到的老師比較接近哪種類型。然後也請孩子畫一張畫去參加比賽，告訴他，他畫的毛毛蟲就是他自己，也許他就能發現，每個人都是有缺點的，就像每隻毛毛蟲都有自己的樣子，世界上不會有長得一模一樣的毛毛蟲，人也是。

書中引經據典，舉凡歷史背景、政治黑暗、經濟轉變、文化差異、社會心理學，均能娓娓道來，尤其精通心理學，精神分析學派的影子無處不見，如金賽博士的兩性性導向遊走座標、佛洛伊德的性心理發展期、潛意識、自由聯想、移情作用及各種心理自我防衛機轉之應用，非常貼切。

讀這本書，我的心被牽動，我的情緒在波動。

——東吳大學心理系副教授**林蕙瑛**

這本書可貴之處倒在於他接近自虐和自我揭露的「自傳體」，如我們一再窺見一名奶爸與中年男人身上的口白。

無論如何，我再次想起盧騷，無論奶爸卡卡如何的自覺卡著，他證明了自己是個盡責的人，是個認真的父親。

——知名親職專欄作家**呂政達**

男人必看，女人更不該錯過！讓你笑到岔氣的育兒書，全球唯獨這一本，奶爸卡卡一出手，其他人只有靠邊站的份啦！

——《百吻巴黎》作家**楊雅晴**

一本荒唐老爸寫給親愛女兒的懺悔書

過去，嘻皮笑臉的我，總喜歡遊戲人間，不過，經歷了第二個女兒產後七日的輪迴業報之後，雖然我知道條條大路通WEGO，但是歹路不可行。親愛的好女兒，我現在準備放下屠刀，牽妳的手，與妳一起走向這條父女修行之路，一路上都陪著妳，We go, We go, We go go go！

作者：奶爸卡卡

定價：260元

出版社：金塊文化

本書在各大書局、通路熱賣中……

購書專線：02-22763425 大宗訂購另有優惠！

親子系列02

做個會發光的人——親子共讀，讀出品德和情操

金塊文化

作　　者：呂政達
發 行 人：王志強
總 編 輯：余素珠
美術編輯：JOHN平面設計工作室

出 版 社：金塊文化事業有限公司
地　　址：新北市新莊區立信三街35巷2號12樓
電　　話：02-2276-8940
傳　　真：02-2276-3425
E-mail：nuggetsculture@yahoo.com.tw

劃撥帳號：50138199
戶　　名：金塊文化事業有限公司

總 經 銷：商流文化事業有限公司
電　　話：02-2228-8841
印　　刷：群鋒印刷
初版一刷：2011年2月
定　　價：新台幣240元

ISBN：978-986-86809-3-7
如有缺頁或破損，請寄回更換

團體訂購另有優待，請電洽或傳真

國家圖書館出版品預行編目資料

做個會發光的人：親子共讀，讀出品德和情操
/呂政達作——初版. —— 新北市：金塊文化，
2011. 02 面； 公分（親子系列：2）
ISBN 978-986-86809-3-7（平裝）
1.親職教育　2. 閱讀
528.2　　100000932

金塊文化

金塊文化

金塊文化

金塊文化